Lola Landau · Positano

Lola Landau

Positano
oder
Der Weg ins dritte Leben

Zwei autobiographische
Anekdoten

Verlag Das Arsenal

Aus dem Nachlaß herausgegeben von Thomas Hartwig;
besorgt von Peter Moses-Krause
Bücher des 9. November, vierter Band

Alle Rechte vorbehalten. © by Verlag Das Arsenal · Berlin 1995
ISBN 3-921810-62-0

Wir tragen von fremden Ländern die Spuren,
Ins Antlitz geschnitten mit schmerzhaftem Schnitt.
Vertrieben von zärtlich geliebten Fluren,
Schleppen wir auf dem Rücken verlassene Länder mit.

Noch immer begleitet von hellen Wolken und Winden,
Das Rauschen nördlicher Wälder im südlichen Blut,
Durchwandern wir seufzend die Wüste,
    um endlich die Heimat zu finden.
Doch hinter geschlossenen Lidern der Glanz
    der Erinnerung ruht.

Es wandern mit uns kleine Gärten,
    Geruch der blühenden Bäume,
Auf hellgrünen Blättern das Lichter- und Schattenspiel,
Am Abendhimmel erscheint das Trugbild
    verlorener Räume,
Und Schatten von großen Städten verdunkeln
    das flimmernde Ziel.

Lola Landau

Positano

Alles schwankt. Das Boot schwankt auf und ab, wenn es die kurzen heftigen Wellen nimmt; der Dampfer, der auf dem Weg von Neapel nach Capri uns vor der Küste [bei] Positano absetzen wird, um uns auszubooten. Vor mir taumelt und schwankt Himmel und Meer; denn auch ich schwanke auf Deck, keinen festen Boden unter den Füßen. Mein ganzes Wesen schwankt, unsicher, wohin ich wieder bewegt werde, losgerissen von dem endlich erreichten festen Standort, Palästina. Schwindel ergreift mich, Seekrankheit überwältigt mich. Der Körper wehrt sich, die Seele wehrt sich.

Armins Stimme neben mir richtet mich auf. Er stützt meinen Kopf; halb lachend versucht er mich abzulenken.

»Hier ist die stürmische Ecke. Bald kommen wir in stillere Gewässer. Sieh hin, die Insel dort. Siehst du die Umrisse? Das ist Capri. Bald sind wir zu Hause.«

Zu Hause, denke ich. Ein neues Zuhause?

Ich hebe den Blick. Wie eine Luftspiegelung, in kristallnem, bläulichem Licht, tauchen die Felsen aus dem Meer und formen sich zu einer Insel, als wäre sie gerade erschaffen.

»Wie schön«, sage ich leise.

Armin legt den Arm um meine Schulter.

»Habe ich dir zu viel versprochen? Eine paradiesische Landschaft!«

Ja, zauberisch schillert das grünlich blaue Meer. Und ich denke, spreche es aber nicht aus: Ist es nicht dasselbe Meer, die Farben, das auch die Küsten Palästinas bespült. Unser Meer. Und ich verbessere mich in Gedanken: Was heißt *Unser*

Meer. Das Meer gehört keinem Volk, es ist unendlich, wenn auch die Völker ihm besondere Namen geben und glauben es zu besitzen. *Mare nostrum*, unser Meer.

»Haben dies die Römer gesagt?« frage ich Armin. »Mare nostrum?«

»Heute sagt es Mussolini. Unser italienisches Meer«, antwortet Armin.

Da sind wir plötzlich mit einem Sprung in die Gegenwart versetzt. Heute ist im Jahre [1937], Mussolini der absolute Diktator Italiens. Überall, auch an den Wänden der Schiffskajüte, hängt sein Bild. Faschismus, der sich mit dem Nationalsozialismus von Hitler zu einem Bund, der sogenannten Achse zusammengeschlossen hat. Wohin fahre ich? Zurück etwa in die Welt, die ich ausgestoßen verlassen mußte? Hat Armin meine Gedanken erraten?

»Mussolinis Italien ist keineswegs dem Nationalsozialismus ähnlich. Eine andere Welt«, sagt er. »Hier gab es und gibt es auch heute keinen Antisemitismus. Und das italienische Volk ist liebenswert.«

Er unterbricht sich. »Vergiß die Politik. Mach lieber die Augen auf und schaue. Siehst du dort den Berg, die Steilküste? Dort liegt Positano.«

Wir nähern uns dem Lande. Die Passagiere drängen sich an der Reling, betrachten durch Ferngläser die bunten Flecken der Dörfer. Fröhlich erregt sind die Touristen, in Ferienstimmung. Ich höre ein Gewirr verschiedener Sprachen, auch deutsche Worte; stärker dringt dann immer wieder, lauter, das musikalische Italienisch durch. Es ist ein Vergnügungsboot, ein Ferienboot, auf dem wir uns befinden, und mich ergreift plötzlich Reisespannung, die Neugier auf die Fremde, Leichtigkeit, die ich kaum mehr kannte. Ich sehe mich nach Armin um. Er unterhält sich mit einer hochgewachsenen Frau, ein längliches Gesicht unter graumeliertem blondem Haar. Augen von hartem Blau. Armin stellt sie mir vor.

»Sie ist eine neue Mitbürgerin in Positano, wie ich. Wie ich hat sie sich in diesen Ort verliebt und ist von Deutschland übergesiedelt.«

Sie sieht aus wie eine Deutsche, denke ich. Warum hat sie wohl Deutschland verlassen?

Sie scheint die Frage in meinem Blick zu lesen. Sie antwortet mit halbem Lächeln: »Als Touristin habe ich mich schon in Positano verliebt, und jetzt habe ich eine Pension eröffnet, um es den Touristen schöner und bequemer zu machen. Und meine halb-arischen Töchter« – bei diesen Worten stößt sie ein kurzes Lachen aus – »helfen mir.«

»Sie sind schon erfahrene Bürgerin«, sagt Armin. »Sie haben mir wertvolle Ratschläge bei der Einrichtung meines Hauses gegeben.«

»Selbstverständlich«, antwortet die Frau.

Ihre steinblauen Augen verschleiern sich leicht, und ihre Stimme hat einen sanfteren Klang. »Das tut man gern für einen so anregenden Mitbürger.«

Dann wendet sie sich mir zu: »Sie werden sich rasch einleben. Hier lebt es sich leicht.«

Was ahnt, was weiß diese Frau von Einleben, Umleben, dem völligen Umschwung meines Daseins, denke ich und sage laut: »Leider beherrsche ich die italienische Sprache nicht.«

Wieder lacht die Frau ihr kurzes, stoßhaftes Lachen.

»Das Wichtigste zum Einkaufen lernen Sie von Ihrer Servizia, der Haushilfe.« Und sie sprudelt einen Schwall italienischer Worte hervor, die einen Einkauf im Gemüseladen illustrieren sollen, worauf Armin in seinem fehlerhaften Italienisch scherzhaft antwortet. Ich bin Zuhörer, Zuschauer, draußen, nicht drinnen.

Das Gespräch wird durch das Tuten des Dampfers unterbrochen; es klingt wie eine menschliche Stimme, der Ruf des Willkommens, der Begrüßung. Wir nähern uns der Küste. Mitten auf See, nahe dem kleinen Hafen Positanos, hält unser Schiff. Sogleich stoßen von dem felsigen Ufer Ruderboote ab, schnellen auf uns zu, legen an. Der Wellengang ist hoch, das Ruderboot schaukelt. Schon packen mich feste Arme und heben mich hinein; Armin ist mit einem Satz hineingesprungen. Wieder spüre ich beim rhythmischen Takt der Ruder Spannung, Neugier.

Armin streckt den Arm aus: »Von hier kannst du unser Haus sehen, das weiße Haus dort, auf der Höhe.«

Wir landen. Armin ist der erste aus dem Boot, zieht mich nach sich. Ich schaue, mein Blick wird nach oben gerissen, hinauf zu dem Felsennest, wie in den Berg hineingebaut. Eine Treppenstadt, wo statt Straßen und Pfaden steile Steintreppen zu den Wohnhäusern hinaufführen.

»Ja, es gibt einen Fahrweg, eine Landstraße, die in Spiralen aufsteigt«, erklärt mir Armin. »Ein Umweg.«

In den Anblick versunken, merke ich zuerst nicht, daß mich jemand heftig am Arm zupft. Als ich mich umwende, blicke ich in das bräunliche Kindergesicht eines vielleicht sechsjährigen Jungen, der einen Schwall mir unverständlicher Worte heraussprudelt und mir blitzschnell den Koffer aus der Hand reißt. Seine schwarzen, funkelnden Augen sprechen deutlich, ebenso seine lebhaften Gesten. Er will mein Gepäck tragen. Ich sehe mich nach Armin um. Auch er ist umringt von einer Schar von Jungen, die miteinander kämpfen, um unsere Koffer zu tragen, und laut ihren Preis ausrufen. Aber mit einem italienischen Schimpfwort jagt Armin die lästige Schar fort und befreit mich von meinem kindlichen Träger.

Er winkt einem Pferdewagen, der uns mit Gepäck die breite Landstraße zu unserm Haus hinauffährt. Was für ein festliches Gefährt! Das Pferd trägt [wie] als Schmuck schönes Zaumzeug aus rotem Leder; um seinen Hals hängen Glocken, die fröhlich bei der Fahrt klingeln. Ja, es ist ein Festwagen, ein Wagen glücklicher Ferien. Für Sekunden ergreift mich wieder dieses Feriengefühl, Leichtigkeit, Losgelöstheit. Ach, wären es nur Ferienwochen, die ich hier verbringen würde. Die Illusion verfliegt, als wir vor unserem Haus halten. Denn dies ist kein Haus des Urlaubs, das ist das neue Heim, das Armin für uns gewählt hat, wo wir seßhaft werden sollen.

Es leuchtet weiß; es ist einladend mit der weiten Terrasse, die uns empfängt. Eine Villa, ja, eine Sommerresidenz. Wie viele dieser Villen wurde es als eine Erholungsstätte für wohlhabende Neapolitaner gebaut, dann stand es Jahre leer, vernachlässigt, bis es jetzt zu billigem Preis vermietet wird.

Immer stehe ich noch auf der Terrasse, mit dem Blick auf das Meer. Mare nostrum. Unser Meer, auch mein Meer.

Armin war schon vorausgeeilt in das Haus. Nun kam er zurück und schreckte mich aus meiner Träumerei auf.

»Was stehst du da?« rief er ungeduldig. »Komm herein und sieh dir an, was ich in der kurzen Zeit aus diesem Wrack von einem Haus gemacht habe. Natürlich ist vieles noch nicht fertig.«

Ich folgte ihm in die Halle, noch spärlich eingerichtet, mit einem großen Spiegel. Einige Stühle lehnten an den Wänden, die, gestrichen, noch den Geruch frischer Farbe ausströmten, Geruch von Umzug und Einzug. Da bemerkte ich unseren alten Garderobenständer in einer Ecke.

»Ein alter Bekannter«, rief ich. »Der Garderobenständer.«

»Ja, ja«, sagte Armin ungeduldig. »Jetzt kommt erst die Überraschung.«

Er öffnete eine Tür. Es war unser Eßzimmer aus Neu-Globsow, sein runder Tisch, an dem noch die Tischrunde unserer Kinder geisterte. Darüber die Hängelampe, das Büffet, das unser Geschirr einschloß, ein Bild häuslicher Behaglichkeit.

Ich war überrascht. »Als ob ich von einem Spaziergang in Neu-Globsow zurückkäme.«

Armin faßte meine Hand. »Komm nach oben.«

Zurück in die Halle, von der eine schmale marmorne Treppe in das obere Stockwerk führte.

Die Wände im Treppenflur waren mit Bildern geschmückt, mir alle wohlvertraut. Von der Treppe öffneten sich mehrere Türen, eine führte in ein kleines Zimmer, eine Art Durchgangsraum, und auch dort erzählten Möbel von dem früheren Leben, das breite Sofa, der altväterliche Schreibtisch.

»Dies ist das Zimmer für unsere Tochter«, erklärte Armin.

Ich wollte sagen, oder dachte ich laut: Wann ist sie hier? Ich kam nicht zu Wort.

Armin öffnete eine andere Tür, und ich stieß einen Ruf des Staunens aus. Denn hier lebte wieder in genau der alten Gestalt mein Zimmer in Berlin: der Schlafdivan, die Lehnsessel mit den gleichen rötlichschwarz gemusterten Bezügen, der einladende runde Tisch, der gleiche Kronleuchter. Nur der Blick aus dem Fenster schweifte nicht weit hinaus in den nordischen Wald, sondern ruhte über dem südlichen glitzernden Meer. Ich schloß die Augen, um sie sogleich wieder zu öffnen. Dies war der sonderbarste Wachtraum, hier in der Fremde ein Stück des vergangnen Lebens wiederzufinden.

Inzwischen hatte Armin eine Tür geöffnet, die zu seinen Räumen führte. Ja, zwei Räume. Hier sah ich Veränderung, Umwandlung. Hier hatte Armin seine Phantasie als Architekt spielen lassen. Eine Wand war durchbrochen, so daß zwei Räume, ein Arbeits- und ein Schlafraum, entstanden, durch schöne Bögen verbunden. Doch wiederholte sein Arbeitszimmer genau die Einrichtung seines früheren. Die gleichen Bücherwände bis an die Decke; die gleichen Teppiche, die türkische Divandecke, und liebevoll wieder zusammengetragen alle die Erinnerungsdinge von den Reisen. Als wäre durch einen Zauberstab unser früheres Sein unversehrt in den fremden Rahmen eingespannt.

Ich blickte Armin an, wortlos. Sein Gesicht glänzte vor Freude, ja Triumph. Er war in seinem Element, der begabte Innenarchitekt, schöpferisch auch bei dieser Tätigkeit. Er rückte die Möbel, strich zärtlich über die Bücher.

Ich fand die Sprache wieder: »Ich bewundere, was du in der kurzen Zeit geschaffen hast.«

Armin stellte ein Buch in eine höhere Reihe.

»Verstehst du nun? Nur [in] Italien erhielt ich die Erlaubnis, unsere Möbel von Deutschland [her]zutransportieren. Verstehe, die Achse Deutschland-Italien ermöglicht es. Ein Grund mehr, sich hier festzusetzen.«

Da durchzuckte es mich. Festsetzen, hier für immer haften, das war seine Absicht. Unser Leben genau wie früher fortsetzen. Er war, was begreiflich war, Deutscher geblieben. Aber nicht nur mein Paß, in dem J, Jude, eingezeichnet war, war von seinem so verschieden. Meine Lebenssicht hatte sich völlig verändert. Ich wollte das frühere Leben nicht genau so fortsetzen. Nach dem Umsturz, nach Vertreibung und Ausmerzung als Jüdin wollte ich Umschwung, ein neues Leben beginnen, in neuer Heimat Palästina.

Während ich meine mir vertrauten Möbel betrachtete, ergriff mich plötzlich Heimweh nach dem kargen Zimmer in Jerusalem mit dem ungepolsterten Stuhl, dem harten Tisch, dem einfachen Schrank. Dort hatte ich mich zu Hause gefühlt, sofort heimisch, und nun mußte, sollte ich hier in fremdem Land zu Hause sein. Es war, als ob ich nach Deutschland zurück[kehrte], transportiert wäre wie die Möbelstücke. Ich erschrak. Hatte ich diese Gedanken laut ausgesprochen, versehentlich? Nein, ich durfte Armin mit diesen Gedanken jetzt nicht stören, nicht verstören.

Ich mühte mich, ja, ich strengte mich an, Armin ein zufriedenes Gesicht zu zeigen. Mit sich beschäftigt, hatte er meinen inneren Aufruhr nicht bemerkt.

Um abzulenken, fragte ich: »Wo ist das Badezimmer? Ich möchte mich etwas frisch machen.«

Nun lachte Armin herzlich.

»Komm, ich zeige dir noch eine Überraschung.«

Ich folgte ihm, die Stufen hinunter in einen Kellerraum, dämmrig und kühl. Als Armin das elektrische Licht anknipste, erblickte ich zu meinem Erstaunen in dem gekachelten Gewölbe eine große ovale Vertiefung, in glänzender, neu gestrichener rötlicher Farbe. Sprachlos fragten meine Augen.

»Dies ist unser Badezimmer, und das die Badewanne«, sagte Armin. »Dies war einmal eine Weinpresse. Es ist mir gelungen, sie in eine Wanne zu verwandeln.«

»Wo ist die Wasserleitung?« fragte ich.

»Es gibt keine Wasserleitung, kein fließendes Wasser in diesem Ort, auch nicht in den Villen, die ursprünglich nur Sommerhäuser für Städter waren. Aber was tut es? Damals in unserem Haus in Globsow am Stechlinsee gab es zuerst auch nur eine Pumpe draußen.«

»Wo ist die Pumpe?« fragte ich.

»Hier gibt es keine Pumpe, sondern einen Ziehbrunnen auf der Terrasse. Frisches, gutes Wasser aus der Erde.«

»Wenn ich in dieser Wanne baden will, muß ich vom Ziehbrunnen viele Eimer Wasser holen?«

Wieder lachte Armin.

»Keine Sorge. Du brauchst es nicht zu schleppen. Das besorgt unsere Servizia Maria. Sie ist Wasserschöpfen gewohnt. Morgen wird sie hier sein, kommt jeden Tag. Sie wird auch für uns kochen, natürlich auch italienisch, Makkaroni, Pizza.«

Wieder lachte er. Er war glücklich. Seit langer Zeit hatte ich ihn nicht in dieser Stimmung gesehn. Wieder gab ich mir Mühe mitzulachen.

»Zeig mir den Ziehbrunnen.«

In einem Winkel der Terrasse, unter einem Steindeckel, nicht leicht aufzuheben, floß in Brunnentiefe das Wasser. An einem Strick war der Eimer befestigt. Mit Schwung schleuderte man ihn in die Tiefe, wobei er nicht umkippen durfte, und wenn der Eimer gefüllt war, zog man ihn am Seil wieder herauf. Armin führte mir dieses Wasserschöpfen mit triumphierendem Lächeln vor. Man brauchte dazu eine gewisse Kraft, mehr aber wohl Geschicklichkeit. Würde ich das je meistern, technisch unbegabt, wie ich war?

Viele Eimer zu heben war gewiß anstrengend. Aber vielleicht anstrengender war es, Armin eine freundliche, zustimmende Miene zu zeigen, ein zufriedenes Gesicht. Ich mühte mich darum, auch als ich in der Küche den schwarzen rußigen Herd betrachtete, der mit Holzkohle geheizt wurde und wo man die Flamme heftig anblasen, ja, mit einem Fächer anfächeln mußte, um sie zum Feuer anzufachen.

»Mittelalterliches Gerät«, wagte ich zu sagen.

Armin unterbrach mich: »Diese Primitivität ist gerade das Reizvolle an diesem Ort, glücklicherweise von den verwöhnten Touristen noch unentdeckt. Hier werde ich ungestört arbeiten. Entschuldige mich, ich muß in meinen Notizen etwas nachtragen, was ich vergessen habe.«

Er eilte fort in sein Zimmer. Ich wunderte mich nicht. Er war derselbe geblieben, unverändert. Der besessene Künstler, der sich hinter eine unsichtbare und undurchdringliche

Wand zurückzog, sich entfernte von den Allernächsten. Unerreichbar. Ich blieb allein; ich war es gewohnt. Dennoch, diesmal war es ein anderes Alleinsein als früher. Ein Verlorensein, ein Nirgendwosein, nirgendwo hingehören, mitten in der lockend schönen Landschaft, in einem Niemandsland. Es fröstelte mich, obwohl es am Spätnachmittag noch warm war.

Ich rief mich zur Ordnung, gab mir einen Stoß, ging in mein Zimmer, um auszupacken. In den Kleidern haftete noch der Geruch der palästinensischen Tage. Als ich das Sommerkleid ausbreitete, hing darin Fröhlichkeit, das leichte Gelächter, die erlöste Stimmung, die ich vor kurzem nach meiner Einwanderung in Jerusalem in dem Haus in der Abyssinienstraße in Jerusalem erlebte. Zwischen Schicksalsgenossen. Ich preßte mein Gesicht in den Stoff des Kleides. Heimweh packte mich und schmerzhafte Sehnsucht nach meiner Tochter. Wieder riß ich mich zusammen, schlug mich selber leicht auf die Wange. Befahl mir, mich zu überwinden, mich anzustrengen, mich umzugewöhnen.

Um alle aufrührerischen Gedanken zu übertönen, rief ich laut Armin: »Ich bin hungrig. Kann ich helfen, einen Imbiß zu bereiten?«

»Ich komme«, rief Armin, »wenn ich den Satz zu Ende geschrieben habe.«

Dieselben Worte wie immer, vertraute Worte.

Dann kam ein anderer Armin, der Praktische, in die Küche, und wir stellten schnell ein frugales Mahl her mit den feurig roten Tomaten, würzigem Brot, Käse und dunkelblauen Weintrauben, Früchte dieses Landes, die auch in Palästina wuchsen. Wir nahmen die Mahlzeit auf der Terrasse ein.

»Die Terrasse ist Wohnraum, Speisezimmer, sogar manchmal für mich Arbeitsraum«, sagte Armin. »Ich werde noch ein Schattendach herstellen und mehr Blumenkübel aufstellen. Rhododendron, Geranien.«

»Dieselben Blumen wie in Palästina gedeihen hier«, sagte ich.

»Sie blühen zu andern Zeiten. Verblühen, welken nicht so schnell. Das Klima hier ist milder. In Palästina ist die Sonne zu grell.«

Zu grell, dachte ich. In dem Unterton klang Ablehnung. »In Palästina kann ich nicht leben«, hatte er mir geschrieben. Auf meiner Zunge brannten Worte des Widerspruchs. Ich sprach sie nicht aus. Mit der Süßigkeit der großen, dunkelblauen Trauben schluckte ich sie hinunter.

»Welch herrliche Trauben«, sagte ich laut.

»Sie wachsen hier. Ich werde auf unserer Terrasse Reben pflanzen. Sibylle wird sie ernten und schmausen.«

Ich unterbrach ihn. »Sibylle«, rief ich. »Wäre sie doch hier, säße mit uns am Tisch.«

Jetzt schluckte ich mit den Trauben die Tränen hinunter.

»In den Ferien wird sie uns besuchen.«

»Wann, wann?« fragte ich. »Die Sommerferien sind vorüber.«

Armin war aufgestanden, beugte sich aufmerksam über einen Geranientopf, befühlte die Erde.

»Dann in den Herbstferien. Ach ja, es gibt keine Herbstferien in Palästina. Dann eben ohne Ferien.«

»Wie denkst du dir das? Mitten im Schuljahr sie dort herausreißen? Hier kann sie doch nicht zur Schule gehen.«

Da schlug es ein zwischen uns! Schon am ersten Tag im neuen Heim brach es aus zwischen uns, der Zwiespalt, mein Aufruhr gegen die »Verschleppung«, wie ich es heimlich nannte, in die Fremde, ohne Familie, getrennt von allen Kindern, und von seiner Seite die erbitterte, verzweifelte Selbstbehauptung, sein Lebensrecht, wieder frei zu atmen, zu schaffen an dem für ihn einzig möglichen Ort. Damals sah ich nur meine besondere Lage, meine Verzweiflung. Der nächste Mensch war so fern, fast mein Feind.

Armins Stimme dröhnte. Er stampfte mit dem Fuß auf.

»Mußt du immer über die Zukunft grübeln, alles verderben? Kannst du nicht einmal den Augenblick, die Schönheit dieses Abends genießen?«

Seine Stimme schlug um. »Habe ich mich nicht bemüht«, sagte er leiser, »dir das Willkommen in dem neuen Heim so schön wie möglich zu machen?«

Auch ich dämpfte die Stimme, dämpfte den Aufruhr.

»Verzeih«, sagte ich, »wenn ich mich gehen ließ. Aber es ist natürlich, daß ich mich nach dem Kind sehne. Sprechen wir jetzt nicht mehr davon.«

Schweigen fiel zwischen uns. Schweigend blickten wir in den Abendhimmel, der nach dem Sonnenuntergang mit zarten rosa Wolken leuchtete, und zum Meer hinunter, das den Glanz widerspiegelte. Dann fiel Dunkelheit. Schweigend blickten wir über die Talschlucht, als auf der andern Seite der Hügel die Lichter der Ortschaften aufblitzten, lauter goldne Punkte. Schweigen zwischen uns. Nicht wie früher einmal das Schweigen der Zärtlichkeit. Schweigen, das sich wie ein Nebel verdichtete, hinter dem wir uns voreinander verbargen.

Dann plötzlich legte sich seine Hand auf meine. Zerriß das Schweigen.

»Morgen werde ich dir eine versteckte Bucht zeigen, wo man baden kann.«

»O ja«, sagte ich. »Morgen. Und morgen kommt Maria, nicht wahr?«

Ich darf nicht weiter nachdenken als bis morgen, sagte ich mir.

Und am nächsten Morgen, zu früher Stunde, kam Maria. Ihr Morgengruß: »Bon Giorno, Signora. Come sta?« klang melodisch. Es war ihre Stimme, eine junge Stimme, die zuerst auffiel und mich sofort gewann. Aber sie war keineswegs jung, eine ältliche Frau, Falten von Arbeit und Mühe in den Zügen eingeritzt, ärmlich gekleidet, in einem ausgewaschenen Kattunkleid, an den nackten breiten Füßen ausgetretene Sandalen; aber dennoch mit jungen Augen, aus denen Lebenskraft und Lebensfreude strahlten. Strahlten wie ihre Stimme, die sogar beim Sprechen einen singenden musikalischen Ton hatte. Maria, *Servizia*, wie man sie hier zu dieser Zeit nannte, Dienerin, doch von natürlichem Stolz, Kind des Landes Süditalien, naturhaft, liebenswürdig und unverwüstlich in ihrer Eigenart, wie auch die Regierungsformen wechselten.

Sie bewegte sich sofort geschickt im Hause, als wäre sie schon jahrelang bei uns tätig, packte die Arbeit an, schöpfte mit einem Schwung Wasser, fächelte, fachte den Herd an, und dabei sang sie. Unvergeßlich ist mir im Ohr ihr Singen geblieben, bei dem alles mitzusingen schien, was sie anrührte, die Möbel, das Wasser, das Feuer. Wie wohlgebildet war diese Stimme, als wäre sie ausgebildet. Sie saß nicht in der Kehle, sondern tönte mit ihrem Atem in klingender Resonanz.

Sie war nicht als einzige am Ort mit dieser Naturgabe begnadet. Überall hörte man Singen in Positano, es sang laut aus den Läden und Werkstätten; der Friseur sang, der Schmied sang, die Maurer sangen beim Bau. Ja, hier war die Heimat eines Caruso, der als armer Junge sang, wie Maria sang, und dessen goldne Stimme entdeckt wurde für die große Oper, um Tausende zu beglücken.

Maria sang bisweilen Opernmelodien; aber immer wieder sang sie mit Begeisterung den Schlager dieses Jahres, der beim Sängerfest in Neapel preisgekrönt war. »Vivere, Vivere« war das Leitmotiv dieses Schlagers. Es pries die Freude des Lebens, forderte auf, den Augenblick zu genießen. Dieser Schlager hatte in der ganzen Gegend, in den kleinsten Dörfern, volkstümlichen Erfolg. Man vergaß die Nöte der Armut, sogar die Politik. Er wirkte ansteckend, und auch ich lernte seine Worte auswendig und trällerte die verführerische Melodie.

Maria wurde in den ersten Wochen meines Aufenthalts in Positano meine Lehrerin der italienischen Sprache. Von ihr lernte ich die Ausdrücke des Alltags, lernte in den Läden einzukaufen, unweit von unserem Hause, erreichbar durch steile Stufen in winkligen Nebengassen. Durch sie wurde ich bekannt mit den Inhabern der Läden, lernte ihre besondere Art kennen, sich darzustellen mit schönen lebhaften Gesten, die Alltäglichkeit zu dramatisieren, manchmal im Zorn sehr laut, manchmal von spaßhaften Erzählungen begleitet. Das italienische Volk, liebenswürdig, liebenswert. Dennoch war es das andere Italien, das Italien Mussolinis, das damals das Land beherrschte.

In diesen allerersten Wochen war mir dies noch nicht bewußt. Am Anfang schien es möglich, sich einzuleben in das besondere Leben von Positano. Leben! *Vivere, Vivere* für den Augenblick! Und ich dachte: Warum soll man nicht bewußt die Gegenwart genießen, die köstliche Minute des Daseins. Warum nicht den schweren Ballast der Vergangenheit, der Erniedrigung, der Vertreibung, der Verstoßung aus meinem früheren Leben in Deutschland von sich schleudern. Einfach vergessen! Wie sehr täuschte ich mich, wie sehr betrog ich mich selber. Es gibt Erlebnisse, die nicht zu vergessen sind, eintätowiert mit brennenden Buchstaben in die Seele.

Aber in den allerersten Wochen in Positano sang ich mit Maria den Schlager »Vivere, Vivere«. Ich bin noch am Leben. Ich liebe das Leben. Das Lied summte tief in mir. Laut sang ich es, als Armin und ich zu der kleinen Bucht viele Stufen hinunterstiegen, eine verborgene perlmutterne Schale am Meeresstrand. Laut sang ich, während ich die nackten Glieder auf dem sonnenheißen Felsen ausstreckte. Laut sang ich, als ich mich in den Wellenschaum hinwarf und schwamm, aufgelöst im Element des Meeres: »Vivere, Vivere«!

Ich winkte Armin zu, der am Strand geblieben war und in sein Notizbuch schrieb. Er blickte flüchtig auf. Lebte auch er in diesem Augenblick, lebte er mit, daß wir in der gleichen Welle der Freude uns vereinigten? Er war weit fort von mir, entfernt. Mein Gesang brach ab, als er sich erhob und zum Rückweg drängte.

»Ich muß die Handwerker beaufsichtigen.« Schon in Gedanken beschäftigt, den Kamin im Wohnraum umzubauen, den Fußboden mit schön gemusterten Fliesen zu bedecken.

Ein fieberhafter Drang hatte ihn ergriffen, die Einrichtung und Verschönerung des Hauses zu vollenden. Es ähnelte sein Tun in der Besessenheit seinem dichterischen Schaffen, für das er, abgelenkt durch die praktische Beschäftigung, keine Zeit fand.

»Wenn es fertig ist«, sagte er, »dann erst kann ich mich an den Schreibtisch setzen.«

Abwesend war er, den Dingen, Gegenständen des Hauses verhaftet.

Ich nahm wenig Anteil daran. Seit der Auflösung meines Heims in Berlin waren mir die toten Möbel, die Ziergardinen, der äußere Schmuck gleichgültig geworden. So lebten wir entfernt voneinander. Dieses Fernsein von Armin hatte noch eine andere Ursache. Bevor ich nach Positano kam, während unserer Trennung, hatte er einen neuen Kreis von Bekannten, ja Freunden, in Positano gefunden. Oft ging er alleine fort und kehrte spät zurück, wenn er auf dem Wege einen dieser Bekannten getroffen hatte und, wie er sagte, von ihm aufgehalten wurde.

»Später werde ich sie dir alle vorstellen. Wenn das Haus fertig ist, lade ich sie zur Einweihung des Hauses, zum Fest ein.«

Ein Fest, dachte ich. Es ist dein Fest, nicht mein Fest. *Vivere!* Die Melodie in mir tönte immer leiser; schließlich verstummte sie. Statt dessen breitete sich Leere in meinem Gemüt aus, ratloses Suchen nach irgendeinem Halt, und immer die offene Wunde der Sehnsucht nach den Kindern, besonders nach der noch kindlichen Tochter. Dies alles schwelte noch dumpf in mir, um erst später in Rebellion auszubrechen. Ich lernte weiter Italienisch, ich lernte Wasser schöpfen, einkaufen, die Treppenwege schnell hinabspringen und hinaufklettern. Was ich nicht lernte, war die Kenntnis, was eigentlich in Armin zu dieser Zeit vorging.

Täglich wurde ich fremder statt heimischer, während in der Küche Maria trällerte und die Handwerker hämmerten und klopften.

Heute sehe ich, nach einem Abstand von Jahren, die schicksalhafte Entfremdung viel gerechter und klarer. Um aber einen Begriff meiner Stimmung nachzuzeichnen, muß ich einige Stellen meines Tagebuchs abschreiben:

Aus dem Tagebuch, 1937. »Nachdem wir durch die Hitlerverfolgung schiffbrüchig geworden sind, tragen wir einen Rettungsring, um wieder an Land zu schwimmen. Armin hat als Rettungsring dieses »Heim«. Ich hatte als Rettungsring die Liebe zu Palästina, das Bewußtsein, wieder Boden unter den Füßen zu haben, eine neue Heimat. Nun bin ich herausgerissen und treibe wieder im Strudel der Heimatlosigkeit. Ich empfinde mein Leben hier als Verbannung, ja, als Verschleppung. Das Schlimmste ist die Zerrissenheit der Familie. Hier in Positano ist kein Aufenthalt für meine Kinder, nicht für unsere kleine Familie mit unserer Tochter.

Seit vier Jahren war es meine Sehnsucht, wieder ein Familienleben herzustellen. Am 1. April [19]33, als durch den politischen Umschwung der Hitlerregierung unser Heim wie durch ein Erdbeben zerstört wurde, saßen noch drei Kinder mit uns am freundlichen Tisch. Nach der Auflösung des Heims schwebte dieser Tisch als Wunschbild unaufhörlich vor meinem inneren Blick. Dann, als die Zerstreuung der Familie eingesetzt hatte, sich mein ältester Sohn als Pionier auf einer Neusiedlung in Palästina befand, mein zweiter Sohn als Lehrling in einer Firma in London, da war es die verkürzte Familie, der verkleinerte Tisch, den ich mit meinen Wünschen wieder aufbaute. Es gelang nicht, wie ich hoffte, in Palästina, in Jerusalem, wo Armin, wie er mir schrieb, nicht leben konnte. Einwanderung in neutrale Länder wie England oder vielleicht Schweiz hatte er aus verschiedenen Gründen abgelehnt. Und dann über meinen Kopf hinweg, ohne mich zu fragen, Positano als Aufenthalt, als neuen Hafen, bestimmt, unser Heim im faschistischen Italien. Das Haus fest gemietet.

Aber nicht mich allein übergeht er, in seinen Plan ist die Erziehung und Zukunft seiner halbwüchsigen Tochter gar nicht einbezogen. Unser Kind, soll es als Waisenkind fern von uns leben? Oder die Dorfschule in Positano besuchen, wieder ein Emigrantenkind, ein noch nicht flügger, kleiner Vogel, immer wieder aus dem Nest geworfen?«

Diese Aufzeichnungen aus dem Tagebuch spiegeln meinen Gemütszustand damals wider. Ich sprach mit mir selber, bewegte dabei die Lippen und erschrak, wenn ich plötzlich meine eigne Stimme hörte. »Wie schön, wenn das Kind bei mir wäre, wenn, wenn...«

Wenn das Haus fertig ist, werde ich Einladungen zum Einweihungsfest verschicken, hatte Armin gesagt. Ich hatte das Zeitgefühl verloren. Meiner Erinnerung nach vergingen Wochen, bis das Fest stattfand.

Dieses Fest war wie eine Theatervorstellung, tagelang vorbereitet. Armin führte Regie und spielte die Hauptrolle, während er die zahlreichen Gäste begrüßte, welche die Verschönerung des Hauses bewunderten.

Auf der Terrasse war eine lange Tafel gedeckt, Schüsseln aus schöner Keramik, Schalen aus edlem Glas boten Speisen aller Art, und Stilleben strotzender Früchte, die Augen und Gaumen reizten, luden die Gäste ein.

In der Mitte der Tafel, die Sensation, sprudelte ein kunstvoller kleiner Springbrunnen, der mit seinem klingenden Wasserstrahl die Begleitmusik machte. Armin hatte diesen Miniaturspringbrunnen in irgendeinem Antiquitätenladen in Neapel aufgetrieben. Seit Wochen war es sein Spielzeug.

Er putzte es, daß es glänzte, und an elektrischen Strom angeschlossen spielte der Springbrunnen auf dem festlichen Tisch. Die Gäste bewunderten es; sie beglückwünschten Armin zu der geschmackvollen Einrichtung des Hauses. »Sie haben aus einer Ruine eine Prachtvilla geschaffen«, hörte ich jemand sagen.

Armin war der Hauptdarsteller dieser Aufführung. Ich hatte eine Nebenrolle, stand in der Kulisse, denn wie wäre es mir möglich gewesen, die Wirtin zu spielen. Ich kannte außer der deutschen Dame, die wir auf dem Schiff getroffen hatten, niemand von den Gästen. Auch ich war ihnen völlig fremd. Da Armin, beschäftigt das Haus zu zeigen, mich nur wenigen vorstellen konnte, fragten viele mich, den unbekannten Gast, woher ich käme.

»Aus Palästina«, sagte ich, und nach einer Pause erstaunten Schweigens der Gäste, fügte ich hinzu: »Ich bin Armins Frau.«

»Oh, angenehm Sie kennenzulernen«, war der höfliche Ausruf und Versuch, eine Unterhaltung anzuknüpfen. Bald stockten die Gespräche, da wir nur Oberflächliches berührten.

Ich fühlte sofort, hier war eine geschlossene Gesellschaft, eine Art Klub von Deutschen und deutschsprachigen Emigranten versammelt, die in Positano ihr besonderes Leben führten, sich gut kannten, einen intimen Kreis bildeten.

Im selbstgewählten oder erzwungenen Exil hatten sie sich in Positano niedergelassen. Wie ich später erfuhr: für manche Künstler ein gesuchtes Niemandsland, um ungestört zu schaffen, für Gescheiterte eine Zuflucht, für andere die Möglichkeit einer neuen wirtschaftlichen Existenz; alle aber vereint durch die Muttersprache Deutsch, Auslandsdeutsche, freiwillig oder manche unfreiwillig. Armins Schicksalsgenossen. Wie fremd war ich unter ihnen, zufällig hier hineingeflogen. Dennoch bemühte ich mich, strengte mich an, liebenswürdig zu sein, die Gäste mit einem Lächeln zu empfangen.

Armin hielt eine Begrüßungsrede mit dem Lob auf Positano. Dann wurde eine Tafel aus Keramik mit der Namensinschrift des Hauses enthüllt, die Gabe einer Kunstgewerblerin aus einem Nachbarort. Man klatschte Beifall, man schmauste, lachte, kleine Freundesgruppen bildeten sich. Begleitmusik war das Plätschern des Springbrunnens. Armin gefeiert, im Mittelpunkt, strahlte wie nach einem gelungenen dichterischen Werk. Ja, es war sein Werk, sein Haus, *sein* Heim. Aber ich erkannte deutlich an diesem Abend: es war nicht *mein* Haus, nicht *mein* Heim. Das dumpfe Gefühl der Ablehnung wich einem klaren kritischen Blick, der die Eigenart des Ortes prüfte, wo ich wider Willen leben sollte.

Es war bei allem landschaftlichen Zauber ein seltsamer und heimgesuchter Platz. Hier fand man in einem mittelalterlich anmutenden Felsennest die versunkne Herrlichkeit italienischer Aristokratie und einer reichen Herrenschicht. Die Prunkvillen zerfielen allmählich, und hinter der Fassade lauerte die Armut der einfachen Bewohner. Maria hatte mir erzählt, daß es eine Zeit gab, da sich die Einwohner von Positano nicht [hatten] ernähren können und in Scharen den Ort verließen, um nach Amerika auszuwandern. Die Männer verließen zuerst das Land. Es gab tragische Schicksale der Zurückgebliebenen; Frauen und Kinder blieben alleine zurück; viele Männer [kehrten] erst nach dreißig Jahren oder überhaupt nicht wieder. Eine Zeit, wie Maria erzählte, als es nur Greise und Kinder in Positano gab.

Dann wurde dieser einsame romantische Flecken von Fremden, Ausländern, Touristen entdeckt. Bald ließen sich auch Künstler, meist Maler, hier nieder, die in den zerfallenen billigen Häusern lebten. Es entstand eine Künstlerkolonie, ein anderes Positano. Doch auch Gestrandete [und] Verträumte in Weltflucht landeten hier. Und heute, während des Umsturzes, durch politische Umwälzung getrieben, vertrieben, flüchteten viele hierher, dennoch mit Deutschland noch geistig und seelisch verbunden. Positano wurde so ein seltsamer Winkel, wo Menschen irgendwie hinter dem Leben lebten, dennoch nicht abgeschnitten von der Welt, da die große Autostraße hier vorbeiführte. Diese Menschen im Exil wurden, bis auf Ausnahmen, nicht Italiener, nicht in das Gastland eingeschmolzen. Sie blieben Emigranten.

So wurde dieses Einweihungsfest für mich ein Wendepunkt, da ich klar erkannte, daß ich nicht hierher gehörte, daß ich niemals hier heimisch werden konnte. Nachdem ich einige der Emigranten näher kennengelernt hatte, konnte ich beobachten, daß die meisten dieser Menschen im Exil in Positano sich eine Art von Narrenparadies geschaffen hatten, daß sie in Treibhausluft lebten, jenseits der Wirklichkeit.

Eingesponnen in ihr Gehäuse lebten so in diesem Felsennest Künstler, Maler, Literaten, Schriftsteller. Ich lernte einen älteren Maler russischer Herkunft kennen, der, schon seit Jahren in Positano ansässig, hartnäckig im Stil des Impressionismus seine Landschaften malte, ohne äußere Anerkennung, ohne finanziellen Erfolg. Er war ein Sonderling, Eigenbrötler, dessen Ansichten paradox wechselten, immer im Widerspruch. Als ich Palästina erwähnte, zuckte er die Achseln. »Abwegiges Experiment«, sagte er, selber unbewußt, daß er im Niemandsland lebte.

Wie er – seit längerer Zeit ansässig – war ein Weber von Teppichen, die mit ihren leuchtenden Farben seine bescheidne Wohnung schmückten. Lebensenttäuschung hatte seine Züge zerknittert; von seiner tapferen Frau wurde seine Existenz bejaht und aufrechterhalten. Auch er war eingesponnen mit den bunten Fäden seiner Teppichwelt, ein begabter Künstler; doch keineswegs war er in die italienische Gegenwart eingegliedert.

Ein völlig anderer Typ dieser sogenannten *Eingesessenen* von Positano war ein ehemaliger deutscher Fliegeroffizier, der durch seine Erlebnisse im ersten Weltkrieg Pazifist wurde und darüber ein Buch schrieb. Er verließ Deutschland, blieb, verliebt in die Landschaft, in Positano hängen und verweichlichte hier, trank sich oft einen Rausch an; und noch gut aussehend und anziehend, tröstete er sich durch flüchtige Liebeshändel.

Ernst zu nehmen waren einige Schriftsteller und Journalisten, die aus verschiedenen Gründen, politischen oder auch persönlichen, manche wegen ihrer jüdischen Herkunft, Deutschland verlassen hatten. Sie lebten von der Hand in den Mund, bemüht, ihre Schriften im Ausland unterzubringen. Allmählich gewöhnten sie sich an dieses Ersatzleben, fern von der Heimat. Ein Dasein in Gefahr, in Schlendern, in Lässigkeit abzusinken. Es gab einige, die sich hielten und die Zeit überstanden. Die meisten waren blind für die Wirklichkeit, die drohend schon im deutschen Marschschritt das faschistische Italien überrannte. Sie glaubten sich hier sicher, geborgen.

Wie blind war die jüdische kürzlich eingewanderte Familie, die ich besuchte. Der Mann, ein gelehrter, hochgeistiger Mensch, religiös gebunden, bewußter Jude, hatte mit Frau und seinen drei Kindern Italien als Zuflucht gewählt.

»Warum sind Sie nach Italien gegangen, das mit Deutschland so eng verbunden ist, Sie, als Jude aus Deutschland ausgestoßen?« fragte ich ihn. »Warum nicht nach Palästina?«

Er sah mich lange an. Ein eigensinniger Zug preßte seine Lippen zusammen.

»Ich brauche keinen neuen Nationalismus wie in Palästina«, sagte er. »Hier an diesem Ort kann ich leben wie ich will. Italien ist nicht Deutschland. Ein wunderbares Land alter Kultur. Außerdem habe ich hier Rechte. Und mein zehnjähriger Sohn ist in die Jugend der Faschisten aufgenommen.«

»Und unsere jüdische Kultur?« fragte ich.

Der Mann schlug mit der Hand auf ein Buch. »In den Büchern und Schriften, die ich wohl kenne, finde ich sie. Aber Sie selber haben ja Palästina verlassen. Warum?«

Da brach es aus mir heraus: »Ich bin nur vorübergehend hier. Ich werde bald nach Palästina zurückkehren.«

Wie sehr erschrak ich, als ich laut meine eignen Worte hörte, bisher verschwiegen, heimlich nur in Selbstgesprächen, in Angst und Verwirrung mir selber zugesprochen. Armin ahnte nicht, was in mir vorging. Daß ich mich mit dem Gedanken trug, Positano, ja ihn zu verlassen, mich loszulösen. Auch wenn es die Loslösung, die Auflösung der Ehe bedeutete. Aber alles war bisher unausgesprochen, heimlich versteckt. Ja, vor mir selber noch mit schweren Fragezeichen belastet. Von Selbstgesprächen, nur dem Papier anvertraut, war noch ein weiter Weg bis zur Verwirklichung, bis zum Aufbruch und zum letzten Abbruch.

Das alltägliche Leben rann weiter und forderte alle die winzigen und doch wichtigen Dinge in einem Haushalt. Maria sang in der Küche, fächelte den Herd an. Ich machte meine Gänge, treppauf, treppab auf den Treppenstraßen, kaufte ein und plauderte in meinem mangelhaften Italienisch mit den Kaufleuten und Handwerkern. Denn hier gab es eine wirkliche Welt, ärmlich, doch heiter. Viele der Einwohner trieben bescheidenen Weinbau auf kleinen Grünflächen zwischen den Steinen. Viele lebten von der Fischerei. Viele arbeiteten in den Hotels oder als Angestellte in den Privathäusern. Kinder des Landes mit ihrer natürlichen Anmut, ihrer Sangesfreudigkeit. Ich beneidete sie; ich dachte an unser jüdisches Volk, das auf dem Boden Palästinas wieder naturgewachsen werden sollte.

Diese Grübeleien wurden durch eine Reise unterbrochen. Besorgt um meinen jüngeren Sohn in London, der unerwartet seine Lehrstelle gewechselt hatte, fuhr ich nach England, ein plötzlicher Entschluß, gebilligt und wohl verstanden von Armin. Vielleicht versprach er sich von dieser kurzen Trennung Entspannung zwischen uns; vielleicht auch war es schon Ermüdung, Gleichgültigkeit der Ehe, [er] selber mit seinen Schwierigkeiten beschäftigt.

Ich fuhr mit der Bahn durch Frankreich, dann mit dem Schiff über den Kanal nach Dover. In unruhiger Erwartung des Wiedersehens mit dem Jungen; denn ein Junge war er für mich geblieben. Mit siebzehn Jahren aus Geborgenheit und Entwicklung herausgeworfen, hatte er in England, dort bezeichnet als *Refugee*, Flüchtling, die erste Station seiner Wanderschaft erreicht. Wohnerlaubnis jeden Monat erneuert, keine Arbeitserlaubnis. Mit zähem Willen, sich in der Fremde zurechtzufinden, sich anzupassen. Damals im Jahre 1937 fand ich ihn planvoll, fleißig, im Schwung und zugleich mit den typischen Wirrnissen der Jugendjahre. Ein Wiedersehn auf den Umsteigestationen der Emigration.

Ich selber war mir dessen wohlbewußt. Auf den glitzernden Boulevards von Paris, oder im quirlenden Lärm von London, im Getriebe nah dem normalen Leben der Einwohner, wurde mein Heimweh nach Palästina, nach einem heimatlichen normalisierten Leben nur verstärkt.

Das erschütterndste Erlebnis auf dieser Fahrt, ungeplant, unerwartet, war das Wiedersehn mit meinem ersten, geschiednen Mann, mit Fried. Ich befand mich, fast eingewiegt durch das Rollen der Räder, im Schnellzug durch Frankreich. Plötzlich schreckte ich auf; jemand sagte, die nächste Station wäre Dijon. Unter Zwang, wie elektrisiert, nahm ich mein Gepäck vom Netz, unterbrach die Reise, stieg aus auf dem Bahnhof von Dijon. Denn diese Universitätsstadt war der Zufluchtsort von Fried, Professor der Philosophie der Universität Breslau, wohin er, als Jude und Sozialist verfolgt, mit [seiner] Familie geflüchtet war. Durch die nächtlichen Straßen von Dijon fand ich den Weg zu seiner Wohnung. Es war eine ärmliche Behausung. Zwei mit geschmacklosen Möbeln vollgestopfte Zimmer, eng und bedrückend. Ich fand Fried im Bett, nach einem Nervenzusammenbruch, verändert, gealtert.

Nach der fast traumhaften Überraschung, freudiger Begrüßung von ihm und seiner Frau Kläre, erfuhr ich, daß dieser Zusammenbruch durch Überarbeitung an einem wissenschaftlichen Werk, doch viel mehr durch maßlose Aufregungen verursacht war. Sie waren ausgebürgert, ohne Pässe, in Unsicherheit. Obwohl er einen Lehrauftrag von der Rockefeller[-Stiftung] erhalten hatte, lebten sie in ewiger Geldangst. Das knappe Gehalt reichte kaum zum Leben, und Fried mußte sehr oft durch Eingaben um Erneuerung des Auftrags bitten.

Fast schlimmer als die Geldangst war die gesellschaftliche Isolierung. Er hielt Vorlesungen an der Universität in

Dijon, wurde aber von den Kollegen nicht eingeladen; seine Existenz einfach ignoriert. Diese Elite der französischen Intellektuellen [blieb] mehr als reserviert, war für Fremde unzugänglich.

»Und eure Kinder?« fragte ich.

»Unser Sohn«, sagte Kläre, »er ist gerade dreizehn geworden, ist noch in Breslau bei der Großmutter. Da wir flüchten mußten, konnte vieles Wichtige nicht erledigt werden. Mit Hilfe von Frieds Mutter wird dies geschehn und als Bote kommt unser Sohn. Wir erwarten ihn mit banger Ungeduld. Aber glücklicherweise ist die Tochter bei uns.«

Sie rief das zehnjährige Mädchen, die einzig Erfreuliche in diesem bedrückten Heim. Sie hatte blanke, aufmerksame Augen, hatte sich in erstaunlicher Weise in die neuen Verhältnisse gefunden, ging in die französische Schule; besonders sprachbegabt, beherrschte sie das Französische. Ich dachte an meine Tochter, wie auch sie sich jedesmal so schnell anpaßte. Emigrantenkinder, gezwungen, die Haut, die Lebensweise, Sprache und Denkweise zu wechseln! Ich erzählte von meinen Kindern, verschwieg aber den Zwiespalt in meiner Ehe. Ich ahnte damals nicht, daß auch Frieds zweite Ehe brüchig war und später aufgelöst wurde.

Als ich damals im Jahre [19]37 von den beiden Abschied nahm, bemerkte ich wieder die Veränderung in Frieds Zügen; doch es war nicht das Altern, was so auffiel. Es war der veränderte Ausdruck, jener so ratlose, verwundete Ausdruck des Emigranten. Jenes Gesicht, das nicht nur Juden, sondern alle aus ihrem Lande Vertriebenen trugen, das Gesicht der Heimatlosigkeit. Und während ich Lebewohl sagte, sah ich in seinem Antlitz mein Spiegelbild, dieselbe Verstörtheit, Verzerrung. Auch ich war jetzt heimatlos.

Es muß erwähnt werden, daß es Fried nach einigen Monaten gelang, durch die Rockefeller[-Stiftung] in Chicago einen Lehrstuhl zu erhalten. Nach seiner Einwanderung in Amerika konnte er dort sein geistiges Leben als Lehrer und Gelehrter fortsetzen. Amerikaner wurde er nur formal durch die Einbürgerung; er blieb Europäer.

»Wann und wo werden wir uns wiedersehn?« fragte ich in Dijon beim Abschied. Er zuckte die Achseln.

»Eine Suppe werden wir überall bekommen«, lachte er. Er hatte seinen Humor behalten. Ich habe ihn nicht wiedergesehn, den Kameraden der Jugend, den Vater meiner beiden Söhne.

Auf dem Rückweg der Reise begleitete mich, ein stetiger dumpfer Akkord, der Nachklang dieser Begegnung. Zugleich eilten meine Gedanken nach Positano voraus, zu dem Wiedersehn mit Armin. War er nicht mein Mann, der natürliche Beschützer? Die lautlose Antwort schlug zurück, schlug auf das Herz. Nein, er konnte nicht mehr Beschützer, nicht mehr mein Helfer sein. Beide waren wir vertrieben. Aber sein Schicksal war nicht mein Schicksal. Atemnah und doch endlos entfernt hatten wir in den Wochen in Positano gelebt. War denn von einer so überwältigenden Liebe nichts geblieben?

Mußte ich ihm nicht folgen? »Wo du hingehst, da will auch ich hingehn«, der Bibelspruch von Ruth, oft bei Vermählungen gesprochen. Aber die Entzweiung riß den Boden zwischen uns auf. »Dein Land ist nicht mein Land, Dein Haus ist nicht mein Haus.« Wir sprachen dieselbe Muttersprache und doch nicht mehr die gleiche Sprache. So grübelte ich, während die Räder des Zuges rollten. Ich selber ein rollendes Rad. Wohin? Nach Hause!

Als ich vor dem Haus in Positano stand, fühlte ich wieder, es ist nicht mein Zuhause. Es kommt vor, daß man sich selber Befehle erteilt, so streng und dringend, als spräche eine zweite Person. So befahl ich mir während der Rückreise: Du mußt Positano verlassen! Der Befehl wiederholte sich, als ich vor dem Haus stand, als Armin mich begrüßte, als hätte sich nichts geändert. Doch in den ersten Tagen wieder in Positano teilte ich mich Armin nicht mit. Ich sann, wie sollte ich ihm diesen Entschluß beibringen. Dann fand ich einen Ausweg. Nicht nur um ihn zu täuschen, nicht etwa als List, sondern auch im Selbstbetrug erwähnte ich meinen Wunsch, unsere Tochter in Palästina zu besuchen.

»Ich bin unruhig«, sagte ich eines Abends. »Das Kind schreibt so selten, und die Briefe sind nichtssagend. Sie ist ohne Eltern, ohne Familie. Wie mag es ihr gehn?«

Armin, auf einer kleinen Leiter, mit dem Ordnen seiner Bücher beschäftigt, blickte nicht auf. Nach einer Pause sagte er gleichmütig: »Ein Besuch ist jetzt unnötig. In wenigen Wochen wird die Tochter uns besuchen.«

»Mitten im Schuljahr? Aus der Ordnung herausgerissen?«

Armin blätterte in einem Buch. »Ist das so wichtig? Es wird ihr hier gefallen. Vielleicht wird sie den Wunsch äußern, hier zu bleiben.«

Nun erhob ich meine Stimme. »Wie stellst du dir das vor? Hier könnte sie bleiben? Eine Vierzehnjährige mitten in der Entwicklung. Es ist unverantwortlich, wie du denkst. Hier in diesem abgelegenen Nest ohne Schule und in dieser nicht gesunden Emigrantenatmosphäre!«

Jetzt warf Armin ein Buch auf den Boden. Es knallte wie ein Schuß.

»Ich bin kein Emigrant. Wo ich bin und schaffe, bin ich zu Hause. Aber du mit deinem starren jüdischen Eigensinn meinst, daß Sibylle nur in Palästina erzogen werden kann.«

Ich unterbrach ihn. »Soll sie hier die italienische Dorfschule besuchen?«

Armin war von der Leiter gestiegen. Er hob das Buch auf, glättete es.

»Warum kann sie nicht in der Dorfschule lernen? Vor allem noch eine Sprache, Italienisch. Und später kann sie in Rom die deutsche Schule besuchen.«

Nun zitterte ich vor Erregung.

»Aus der Schule in Deutschland war sie als Jüdin ausgeschlossen. Ist dies dein Vorschlag, eine deutsche Nazischule in Rom?«

»Die Schule in Rom ist unpolitisch. Meine Tochter ist ebenso Deutsche wie Jüdin. Vorläufig kann ich sie selber unterrichten.«

Mein Körper zitterte, meine Stimme bebte.

»Du sollst wissen, ich lasse mich nicht zurückhalten. Ich fahre nach Palästina zu dem Kind, in der allernächsten Zeit.«

Armins Stimme überschrie mich. »Wenn du das tust, werde ich mein Recht als Vater geltend machen.«

Unsere Worte waren Schläge; mit Worten schlugen und verletzten wir uns. Der Endkampf hatte begonnen, die Auflösung, die Agonie.

Nach solchen Szenen, die sich wiederholten, verkrochen wir uns in unsere Winkel, beide tödlich erschöpft. Oder wir liefen hinaus auf die Treppen dieser Treppenstadt.

Der innere Befehl verfolgte mich: Du mußt Positano verlassen.

Was war dieser übermächtige Zwang? War es Verzweiflung der Entwurzelten, war es der hartnäckige Wille zur Selbstbehauptung, nicht weniger besessen als Armins Besessenheit, mein Rettungsring, wie es sein Rettungsring war.

Heute sehe ich es kristallklar. Es war nicht nur persönliche Tragik, Auflösung einer Ehe, Tod mitten im Leben; es war Volksschicksal, das uns trennte, sein deutsches, mein jüdisches, nach dem Schiffbruch.

Seltsam jedoch war es, daß außer dem Befehl, Positano zu verlassen, in mir auch eine Vorahnung von drohendem Unheil geisterte. Eine Ahnung, die sich viel später verwirklichte, als im Kriege, [beim] Rückzug aus Italien, die Deutschen alle Juden von Positano nach Deutschland in die Vernichtungslager transportierten. Wer konnte im Jahre 37 dies voraussehen?

Dennoch gab es schon damals Warnungszeichen. Unter den zahlreichen deutschen Touristen, die Positano als Ferienaufenthalt genossen, gab es auch offizielle und halb-offizielle Nazibeamte. In Zivil erkundeten sie den Ort, zuerst nicht auffallend, doch allmählich kenntlich durch Benehmen und Ausdruck. Ich erkannte sie wohl. Damals schon traten sie in Italien wie die Herren auf.

Eines Morgens erschien Maria mit verstörter Miene. Sie erzählte, daß Deutsche sie aufgesucht und nach uns gefragt hätten. Ob ich Jüdin sei. »Non capisco, ich verstehe nicht«, sagte sie. »Signora, was für eine dumme Frage. Ich habe gesagt, ich weiß es nicht.«

An diesem Tage sang Maria nicht, und nach dieser Mitteilung bestimmte ich das Datum meiner Abreise.

»Ich bin nicht in Italien, ich bin zurückgeworfen ins Nazideutschland«, sagte ich zu Armin, als wir spät am Abend auf der Terrasse saßen, erschöpft nach einem heißen Tage, an dem der Schirokkowind, wie man ihn nannte, Erde und Menschen aussog. Wir hatten nur oberflächliche Worte gewechselt und schwiegen, jeder in seine Gedanken versunken. Und dann zerriß ich die Stille mit der Botschaft von Maria, daß Deutsche – ich nannte sie Gestapobeamte – nach Juden geforscht hatten, daß schon die Drohung auch auf mich zielte. Ich wiederholte: »Ich bin in Nazideutschland zurück.«

Diese Worte lösten bei Armin verzweifelten Zorn aus.

»Du bist die Frau eines Deutschen, und wo ich lebe, ist gewiß Deutschland, das wahre Deutschland.«

Er schlug, er trommelte mit beiden Fäusten auf die Brust, er schlug sich auf Kopf und Herz. »Hier, hier, hier ist Deutschland.«

Ich versuchte leise, mit gedämpfter Stimme zu sprechen. »Nichts kann mich mehr zurückhalten. In zwei Wochen werde ich reisen, nach Palästina zurückkehren, unsere Tochter wiedersehn. Versuche mich zu verstehn.«

Armin sprang auf, daß der Stuhl umfiel. »Ich verstehe nur, daß du verrannt bist. Dir, deinem früheren Selbst nicht mehr ähnlich. Blind und taub für deine Umgebung, das liebenswerte Volk, die Schönheit der Landschaft.«

Ich unterbrach ihn. »Die schönste Landschaft bleibt Fremde. Seit dieser Unheilbotschaft für mich Feindesland.«

Dann streckte ich meine Hand aus. »Ich bitte dich, betrachte meinen Entschluß ruhiger. Diese Reise wird eine Pause, eine Prüfung für uns sein, wie und wo wir beide zusammenleben können.«

Armin hob den Stuhl auf, stieß mit ihm auf den Boden.

»Ich werde deiner Unvernunft nicht nachgeben. Ich lasse dich nicht reisen.«

Wortlos erhob ich mich und verließ die Terrasse, lief auf die Straße. Es dunkelte schon, nur ein schmaler Streifen von Licht glänzte noch am Himmel. Ich stieg eine steile Treppe hinauf, mit bröckelnden Stufen. Meine Füße fanden den Weg zu meinem Lieblingsplatz, einer Felsenkuppe, die einen Weitblick über die Schlucht, zu den Lichtern der Dörfer gewährte. In der Tiefe breitete sich schwarzblau das Meer aus, unendlich. *Mare nostrum*, auch mein Meer.

Ich setzte mich auf einen Felsen, da sah ich Armin den Pfad heraufsteigen. Er stand vor mir, zog mich an den Armen hoch.

»Komm nach Hause.«
»Ich bin hier nicht zu Hause.«

Ich warf mich auf den Boden, legte mich auf die Erde, als wollte ich in sie hinein, mich auflösen. Nicht mehr leben. Das harte Gestein preßte gegen meinen Körper. Mir war eiskalt, ich erstarrte.

»Sterben. Das ist das Ende.« Hatte ich die Worte nur zu mir gesagt oder ausgesprochen. Ich weiß nicht, wie lange ich so lag.

Dann hörte ich Armins Stimme: »Steh auf. Geh! Geh! Geh fort. Ich halte dich nicht mehr!«

Ich sah sein Gesicht über mir, das Gesicht, das mich einmal durch Liebe verzaubert, verwandelt hatte. War es nicht dasselbe Gesicht? Hatte er sich verändert? Hatte ich mein Gesicht verloren?

Ich erhob mich mit schweren Gliedern. Wir gingen in weitem Abstand voneinander zurück.

Vor der Tür meines Zimmers sagte ich: »Verzeih. Ich kann nicht anders.«

Er antwortete nicht.

In den nächsten Wochen, während der Vorbereitung meiner Abreise, lebten wir in einer Art Waffenstillstand. Wir sprachen höflich, ja freundlich miteinander, indem wir das Thema meines Verlassens vermieden. Nach außen, den Bekannten und Freunden von Armin hatten wir mein Fortgehen von Positano als einen vorübergehenden Besuch bei meiner Tochter in Palästina dargestellt, von dem ich bald zurückkehren würde. Diese Fiktion, immer wieder betont, war so glaubhaft, daß wir sie selber allmählich annahmen und glaubten. War dies Selbsttäuschung, Selbstbetrug, um die Angst vor dem Ende, der Auflösung der Ehe zu übertönen? Ich versprach Armin, ihm über das Befinden unseres Kindes zu berichten; er versprach mir, mich in einigen Monaten in Palästina zu besuchen und mich wieder mitzunehmen, wohin, das wurde nicht ausgesprochen.

Im Innersten meines Herzens wußte ich, daß dies Trennung, letzten Abschied bedeutete. Was ich nicht wußte, daß ich durch mein Fortgehen mein Leben und das meiner Tochter rettete. Vor der Verschleppung in ein Vernichtungslager. Während des Krieges suchte ein Gestapobeamter Armin auf und fragte: »Wo ist Ihre Frau, Ihre Tochter?«

»In Palästina«, war die Antwort.

Damals, 1937, in den Tagen vor meiner Abreise, war dieses Unheil noch nicht sichtbar. Was ich empfand, war Trauer, Groll, Vorwurf. Heute sehe ich es anders. Heute weiß ich, daß die Auflösung unserer Ehe bedingt war durch unser getrenntes Volksschicksal. Keiner von uns beiden war schuldig. Jeder von uns sah damals nur seine eigne furchtbare seelische Not, nicht die verzweifelte Not des andern. Ich erkannte nicht seine deutsche, er nicht meine jüdische Not.

Armin im Konzentrationslager, von seinen Volksbrüdern mißhandelt, geschlagen, hatte nie aufgehört, sich als Deutscher zu fühlen. Im Gegenteil, so paradox es erscheint, war er zum Bewußtsein seines Deutschtums aufgeschreckt, erweckt. Seine kosmopolitische Weltauffassung wurde nicht aufgelöst, doch im Vordergrunde lebte nun das Nationalempfinden, die Zugehörigkeit zur deutschen Kultur, die Hitler als Abart dieser Kultur bekämpfte. Deshalb wählte er Italien, vielleicht unbewußt gerade nur dieses Land, als Exil, weil es Deutschland verbunden war und er dort als Auslandsdeutscher leben konnte. So sehe ich es heute, und sehe es richtig. Ich selber, heimatlos und heimlos, hatte mein jüdisches Schicksal erkannt und Palästina, die Urheimat, gewählt. So waren wir Welten voneinander getrennt.

Jedes Abschiednehmen ist ein kleiner Tod. Als ich Maria beim Lebewohl umarmte, weinten wir beide. Ihre Stimme, ihr Lied »Vivere, Vivere«, klingt noch heute in mir nach.

Als ich Armin, der am Ufer zurückblieb, vom Boot aus Lebewohl zuwinkte, war mein Arm schwer, meine Hand zitterte. Dann schwankte das Schiff auf den Wellen, und ich schwankte wie bei der Ankunft. Bald würde ich festen Boden unter den Füßen haben, meine Erde, mein Land. Mein drittes Leben hatte nun in Wirklichkeit begonnen.

Die Schule am Toten Meer

Arbeitssuche. Nach meiner Rückkehr von Positano nach Palästina, nach der schicksalhaften Entzweiung, dem reißend schmerzhaften Abschied von Armin, fühlte ich mich wie nach einer schweren Krankheit. In langsamer Genesung. Ich war heimgekehrt, auch zu mir selber.

Wenn ich aus meiner kleinen Dachkammer, der gleiche Raum wie früher, aus dem Fenster in die silbrigen Ölbäume des Gartens hinausblickte, fühlte ich mich selber als Baum, in gute, in meine Erde verpflanzt. Ich fühlte, daß ich neue Triebe ansetzte, daß das schöpferische Leben wieder zu strömen begann. Nach langer Zeit unfruchtbarer geistiger Dürre, als Jüdin aus dem deutschen Schriftstellerverband ausgestoßen, wachte ich wieder auf. In mir bewegte sich starkes neues Erleben, das zum Ausdruck drängte.

Ich begann wieder zu schreiben; es wurde ein Buch, eine Biographie, der Lebensroman eines im Lande geborenen außergewöhnlichen Menschen. Jerusalem lebte darin. Schrieb *ich*? Oder schrieb es aus mir, übermächtig?

Zugleich konnte ich nicht die nächste Wirklichkeit übersehen, die kritische Wirtschaftslage im Lande. Mitten im stürmischen Aufbau war eine Stockung eingetreten. Man sah die Gerüste neuer Häuser, mitten im Bau steckengeblieben. Die Straßen noch ungepflastert, Schutthaufen unaufgeräumt. Es fehlte an Kapital, auch an Initiative.

Arbeitslosigkeit lähmte viele Neuankömmlinge. Ich sah es deutlich, obwohl in den ersten Monaten nach meiner Heimkehr das Erlebnis einer Wiedergeburt nicht gedämpft wurde.

Doch nach gewisser Zeit konnte ich mich der Wirtschaftskrise nicht entziehen; mein kleines Kapital schmolz beängstigend. Ich mußte Arbeit suchen, Verdienstmöglichkeit. Für eine Frau ohne praktische Ausbildung, ohne Beherrschung der hebräischen Sprache ein verzweifeltes Unternehmen. Es bedeutete: täglich vergebliche Gänge, Warten in Vorzimmern, höfliche Absagen. Arbeitslosigkeit, ein Schweben im luftleeren Raum, sinnlose Anstrengung, ohne das Geringste zu erreichen. Zum ersten Mal in meinem Leben erfuhr ich etwas, was ich vorher nie gekannt hatte: Geldangst, ja, ein Angstgefühl, daß mich bis in meine Träume verfolgte.

Einer dieser Angstträume war so lebhaft, daß ich ihn aufgezeichnet habe. Ich litt an qualvollem Durst. Da reichte mir jemand, dessen Gesicht und Gestalt undeutlich waren, einen Becher, der ein bräunliches Getränk, durststillend, erfrischend, enthielt. Aber ich setzte den Becher ab. *Trinke* war der Befehl. »Ich darf nicht«, sagte ich, »es ist zu teuer.«

»Trinke« befahl wieder die Stimme. »Es ist Nektar und Ambrosia.«

Ich erwachte. Nektar und Ambrosia, das war doch der Göttertrunk, der Trunk griechischer Götter. Sollte ich mich damit begnügen, mit dem göttlichen Spiel der Phantasie, des künstlerischen Schaffens? Aber ich mußte ja leben, mich ernähren, allein auf mich gestellt. Ich suchte weiter täglich Arbeit.

Hin und wieder fand ich Gelegenheitsarbeit, gering bezahlt. Ich wurde zeitweise Führerin von Touristinnen, denen ich im Auftrage der WIZO, der jüdischen Frauenorganisation, Wohlfahrtseinrichtungen zeigte. Es führte bisweilen zu interessanten Begegnungen mit Ausländerinnen. So erinnere ich mich an eine junge Türkin von muslimischem Glauben, die mir ausführlich von ihrem Kampf um Frauenemanzipation in ihrem Lande erzählte.

Leider, wegen Geldmangel der öffentlichen Institution, wurde diese Arbeit bald unterbrochen. Ich suchte weiter, fand für geringes Gehalt die Aufgabe, einen fünfjährigen Jungen zu beaufsichtigen, später nächtlichen Wachdienst, sogenanntes *babysitting* bei Kleinkindern. Es tat wohl, wieder eine Kinderhand in meiner zu fühlen, auch auf die Atemzüge der schlafenden Wesen zu lauschen. Freuden, die nichts kosteten, aber kaum etwas einbrachten.

Einmal, in einer Art Verzweiflung, nahm ich eine Stellung in der Küche eines vegetarischen Restaurants an, wo ich selber oft meine frugalen Mahlzeiten eingenommen hatte. Ich putzte Gemüse, schälte Kartoffeln. Mein Tempo war so langsam, ich war völlig ungeeignet für diese Tätigkeit und gab es selber nach wenigen Tagen auf.

Gab ich mich selber auf? Damals dachte ich bedrückt, ich wäre wohl für dieses Land ungeeignet. Nein, ich gab mich nicht auf. In meiner erzwungenen Freizeit schrieb ich an dem Roman und suchte weiter einen Gelderwerb. Es gelang mir, durch Propagandatätigkeit für soziale Hilfe, viele erschöpfende Gänge, und auch durch englische Nachhilfestunden, mich über Wasser zu halten. Später wurde ich als Delegierte des Aufbaufonds nach Bulgarien geschickt, damals noch neutral, doch eine Gefahrenzone zwischen den feindlichen Mächten Deutschland und Rußland. Mit Mühe konnte ich ein Visum für die Rückfahrt erhalten; durch Fürsprache des britischen Konsuls erhielt ich Erlaubnis für Durchfahrt durch die Türkei. Wieder einmal Touristin in Konstantinopel, besuchte ich die herrlichen Moscheen.

Diese Erlebnisse, hier im Telegrammstil geschildert, waren in ihrem Auf und Ab typisch für viele Einwanderer.

Wie lange währte diese unsichere Existenz? Jahrelang. Und was für Jahre. Helle und dunkle. Es gab Zeiten der Beglückung unter einem glasklaren blauen Himmel, hoffnungsvoll, mit Weitsicht auf die Zukunft des Landes. Doch dann überfielen uns plötzlich die Stürme wie Sandstürme, die jede klare Sicht [verhinderten]. Wohin trieben wir? Wohin trieb die Welt?

Der zweite Weltkrieg war ausgebrochen. Unsere britische Mandatsmacht, England, im Kampf, und obwohl wir nicht Front waren, sondern nur Etappe für die britische Armee, lebten wir doch mit den Schrecken der Welt in ständiger Spannung. Als die Schreckensnachrichten später von der Vertilgung von Millionen Juden in Gaskammern zu uns drangen, weigerten wir uns, [das] zu glauben, bis Flüchtlinge Palästina erreichten und als Zeugen des Grauens zu uns sprachen. Wir selber, hinter der Front, waren die Überlebenden mit besonderer Verpflichtung.

Jedoch der Krieg rührte uns auch an. Er schleppte in seinem Gefolge die Seuche, eine Typhusepidemie, der Hunderte in Palästina zum Opfer fielen. Auch meine Tochter lag in den Fieberdelirien dieser teuflischen Krankheit, schon völlig aufgegeben, und dann in einer Nacht durch Einspritzung von Rekonvaleszentenblut wie durch ein Wunder gerettet.

Die Spenderin des Blutes war meine Schwiegertochter aus der Siedlung Moledet, wo drei junge Menschen durch Typhus dahingerafft wurden. Dies war die schwerste Prüfung meines Lebens, beladen mit Vorwurf, ich hätte dieses Kind nicht genug geschützt. Ich dankte dem Schicksal, als wäre sie mir noch einmal geschenkt.

Angesichts des Weltchaos, eines Weltkriegs erscheint das Leben des einzelnen unwichtig. Dennoch ist der Mikrokosmos jedes Menschen für ihn selber bedeutungsvoll [und] durch die Einfügung in sein Volksschicksal nicht ohne Sinngebung. So hielt ich mich aufrecht wie ein vom Sturm zerzauster, geschüttelter Baum. Doch die Wurzeln hielten fest. Ich liebte das Land in allen Jahreszeiten, seine Landschaft und die Menschen, von allen Ecken und Enden der Welt in diesen Hafen geworfen, so verschieden geprägt, je nach Herkunft und doch mit dem gleichen jüdischen Zeichen, eingebrannt in die Seele.

Am Anfang des Jahres [1941 gab es] eine günstige Wendung in meinem Leben. Ich erhielt Anstellung als Englischlehrerin an einer Schule am Toten Meer. Diese Aufgabe sollte mir völlig neue Einblicke eröffnen in ein großartiges Werk mitten in der Wüste, das Werk der Pottaschegesellschaft, die Gewinnung wertvoller Stoffe aus dem Salz des Toten Meeres. Welche Eroberung des unermüdlichen Menschen! Er hob das Salz in das Licht, das wie Schnee auf der glühenden Steppe glitzert und verwandelte seinen Fluch in tätige Kraft. Die Unfruchtbarkeit in fruchtbarmachenden Dünger, den Stoff des Toten Meeres in Heilmittel, Brom und andere heilende Salze. Er brachte in die Wüste, vierhundert Meter unter dem Meeresspiegel, seine Maschinen, und mit ihnen ein Heer von Ingenieuren und Arbeitern. Er legte Kanäle, Teiche, Abflüsse, künstliche Quellen an. Er baute einen kleinen Hafen für die Schiffe, die vom Süden des Meeres neue Ladungen des Urstoffes brachten. Und so schuf er am Rande des Todes wimmelndes Leben, das weder Tag noch Nacht still stand. Und dort, am tiefsten Punkt der Erde, gab es eine jüdische Schule. Dort sollte ich wirken.

Lehrerin am Toten Meer. Eine jüdische Schule am Toten Meer, am tiefsten Punkt der Erde. Es klingt unglaublich. Und doch, mitten in der Salzwüste blüht wie eine Oase eine menschliche Siedlung. Weiße niedrige Häuser ragen kahl und schmucklos wie Pfähle aus der fahlen Erde. Es sind die Wohnstätten für fünfundzwanzig Familien technischer Leiter des Pottaschewerks, die sich, unabkömmlich von der Arbeit, hier ihre Heimstätten geschaffen haben.

Hier wachsen Kinder auf, Kinderstimmen beleben die tote Landschaft. Wie farbige Blumen leuchten ihre Kleider gegen das tote Graugelb des Bodens. Kinder lachen und turnen auf dem großen Spielplatz, hinter dem der Spiegel des Toten Meeres schillert. Kinder versammeln sich in den Räumen von Holzbaracken, die kleinen, um zu singen und zu spielen, die größeren, um in der Schule zu lernen.

Diese Kinder wurden meine Schüler; diese Schule mein Arbeitsplatz. Ich begriff, nicht geringer als die Errungenschaften des Werkes war eine solche Ansiedlung in jener Zeit, eine Pionierleistung der Frauen, die es wagten, in dem Wüstenklima für ihre Männer und Kinder ein Heim aufzubauen. Es bedeutete in den langen Sommermonaten Kampf gegen die glühenden Wüstenwinde, die erschlaffende Hitze; damals gab es keine Klimaanlagen – und bisweilen vierzig bis fünfzig Grad im Schatten. Kampf gegen die Fliegenschwärme, gegen den Sandsturm, der bisweilen durch alle Ritzen in die Wohnung drang, und nicht am wenigsten gegen die Eintönigkeit des Lebens.

Wie sah das Schulzimmer aus? Auf den ersten Blick wie jede Schulklasse, mit Pult, Bänken, Tafel und Bildern an den Wänden. Aber der Platz war beschränkt, und oft mußten, da es nur vierunddreißig Schulkinder gab, mehrere Klassen in demselben Raum unterrichtet werden. Doch es war eine Freude zu unterrichten. Denn diese Kinder, weil abgeschnitten in dieser abseitigen Welt, waren begierig, hungrig nach Wissen, lenksam und aufgeschlossen. Mit welchem Eifer legten sie ihren kleinen Schulgarten an, bewässerten mit dem karg zugemessenen Süßwasser ihre Pflänzchen. Ich bemühte mich, sie nicht nur die englische Sprache zu lehren, sondern ihnen auch viel von der großen Welt draußen zu erzählen.

Allerdings war die Lehrtätigkeit für mich an dieser Schule nicht so einfach, war mit Anstrengung und Unbequemlichkeiten verbunden. Ich unterrichtete an vier Vormittagen. Zweimal in der Woche fuhr ich von Jerusalem die steile Straße hinunter, übernachtete meist im Kinderzimmer einer Familie. Um fünf Uhr früh wurde ich von dem Lastwagen der Pottaschegesellschaft abgeholt, die einzige Transportmöglichkeit um diese Stunde zur Schule. Jedoch wurde ich belohnt durch die jedesmal phantastische Fahrt in die Tiefe.

Die Landschaft mutete an wie der Uranfang, die Urschöpfung der Welt. Nackte Felsen ohne Vegetation, die aussahen wie Mammuttiere, vorsintflutliche Geschöpfe, die auf ihren Riesenknien kauerten. Unwirkliche Farben aus einer jenseitigen Welt. Bisweilen schillerten die Berge wie Edelsteine. Zwischen den großen Wolkenschatten funkelte und sprühte unirdisches Licht. Es war die Landschaft eines andern Planeten, mit ungeheuren Kratern, nach dem Einsturz unserer Erde. Welche Vermessenheit oder vielmehr Wagemut des Menschen, hier einzudringen und Leben zu verbreiten.

Ich lehrte und war doch viel mehr selber Lernende, wenn ich staunend das Werk betrachtete und die Geschichte seiner Entstehung erfuhr. Damals waren erst fünfzehn Jahre vergangen, seit ein russisch-jüdischer Ingenieur, Novomeysky, dort am Nordufer die Maschinen in Bewegung setzte, die das Salz des Toten Meeres in wertvolle Lebensstoffe verarbeiteten. Nach fünf Jahren waren Fabrik und Arbeitslager so weit entwickelt, daß sich einige Männer mit ihren Familien hier niederließen. Sie mußten von Grund auf alle Lebensbedingungen schaffen, Nahrungszufuhr, Gesundheitspflege und später Kindergarten und Schule. Das Werk selbst entwickelte sich überraschend schnell, bei technisch hochentwickelter Industrie, unter der finanziellen Leitung von Engländern und Juden, so daß es Hunderte von Arbeitern beschäftigte und in das Ausland Heilmittel, Sprengstoffe und andere geschätzte Exportprodukte lieferte.

Dieses Werk auf ausgedehntem Gelände stand Tag und Nacht nicht still. Wenn ich meinen Unterricht beendet hatte, ging ich, um meine Mittagsmahlzeit einzunehmen, durch das Kontrolltor in das Arbeitslager. Ich ging die schnurgerade Straße entlang, vorüber an Wohnbaracken, viereckigen Holzkästen mit grünen klappernden Läden statt Fenstern, vorüber an den Holzhäusern der Klubs in der Speisehalle. Es gab einen Eßraum für die Leiter und einen andern für die Arbeiter, viel geräumiger und lauter. Oft aß ich auch in der Arbeiterküche, wo ich meine Privatschüler traf, Arbeiter, denen ich englischen Unterricht erteilte.

Man konnte hier die verschiedensten Typen antreffen, primitive Menschen wie auch kultivierte und gebildete, die sich nach der Einwanderung umschichten mußten. Sie alle jedoch gehörten nun in diese Männerwelt, gehärtet durch die Arbeit in dem brennenden Klima, eine eigentümliche, besondere Gemeinschaft. Diese Männer arbeiteten eine Woche lang und fuhren einmal in der Woche herauf zu ihren Familien. Sie waren so die ganze Woche abgeschnitten von dem pulsierenden, normalen Leben. Viele, die ihre Frauen und Kinder in der Stadt zurückließen, sahen sich in der eigentümlichen Lage, Gäste im eignen Heim zu sein.

Es gab auch solche, die ein zweites erotisches Leben in der Wüste führten, wenn sie irgendein Mädchen fanden; es gab ja sehr wenig Frauen, nur die Kellnerinnen. Zugang zu den Familien am Ort hatten sie nicht. Sie führten, und das galt für Verheiratete und Unverheiratete, eigentlich ein Doppelleben. Es gab bei siebenhundert Arbeitern nur zehn Mädchen, die von den Ledigen umworben wurden.

Die Gewerkschaft versuchte hier eine gewisse Kulturarbeit, aber nach der erschöpfenden Arbeit waren die Menschen müde und lethargisch. Die Menschen wollten ja gar nicht hier leben, nur arbeiten, um Geld zu verdienen.

Besonders in den Sommermonaten ist es fast unmöglich, sich zu entspannen. Man stelle sich einen Arbeiter vor, der von seiner Nachtschicht am frühen Morgen zurückkehrt. Er kann nicht schlafen. Das Zimmer, das er mit andern teilt, ist gleißend hell, und die Klappläden müssen offen bleiben, damit der kühlende Wind hindurchstreicht. Dies alles läßt den Urlaub nach Jerusalem, einmal in der Woche, als paradiesisches Ziel erscheinen. So ist hier eine Welt besonderer Gesetze, jenseits von Gut und Böse.

Einige Gesichter meiner Schüler steigen aus dem Halbdunkel der Erinnerungen. Alle außergewöhnliche Naturen mit besonderen Schicksalen. Ich sehe ihn deutlich vor mir, den Leiter des Elektrizitätswerkes – nennen wir ihn Gideon – mit seinem wilden Busch von Haaren, den langen eisenharten Armen und im Gegensatz dazu seine feingeformten Hände, welche die Maschinen mit einem Fingerdruck beherrschten.

Vier Riesendynamomaschinen unter seiner Kontrolle und Verantwortung. Nicht nur die Maschinen beherrschte er, auch seine Mitarbeiter, die er zu äußerster Leistung ansponrte. In ihm lebten wilde, elementare Kräfte. Er paßte in diese maßlose Landschaft, ein Wüstenmensch, der das geschäftige Getriebe der Städte verachtete.

Auch etwas von einem Abenteurer steckte in ihm. Abenteuerlich war es, daß er vor zwanzig Jahren aus Rußland in das damals unwirtliche Palästina einwanderte. Nachdem er in Mourysia Maschinenbau studiert hatte, erhielt er nach seiner Rückkehr den leitenden Arbeitsplatz für die Elektrizitätskräfte am Toten Meer. Es war kein Zufall, daß ihm diese so abgelegene Stellung zufiel, er sie vielleicht selber gewählt hatte. Er, der Einzelgänger, der nicht mit der Herde lief. Die unnahbare gewalttätige Natur am Toten Meer entsprach seinem Wesen.

Sonderbar, dieser Mann hatte eine Familie. Er hatte Frau und Kinder, zwei kleine Söhne in der Stadt, die er regelmäßig besuchte. Führte er also ein Doppelleben? Gewiß war, daß sein eigentliches Leben sich hier abspielte. Er lebte einsam, abgesondert. Die gute Kameradschaft mit seinen Arbeitsgenossen reifte nie zur Freundschaft. Was oder wen liebte er eigentlich? Gewiß seine Maschinen. Aber seine leidenschaftliche Liebe galt der Musik. Bis spät in die Nacht konnte man aus seinem Zimmer die Klänge edler Musik hören, die er sich auf seinem Grammophon vorspielte.

Warum lernte er Englisch? Die Leitung hatte ihn dazu veranlaßt, weil er oft wichtige englische Besucher durch das Werk zu führen [hatte]. Er war ein gelehriger, aber launischer Schüler, nicht immer bereit, dem fremden Stoff Aufmerksamkeit zu schenken. Da es meist zu heiß war, [um] im geschlossenen Raum zu lernen, suchte er für den Unterricht einen Platz im Freien, auf einer Anhöhe. Wir saßen beide auf harten Steinen, gekühlt von dem Wüstenwind des Abends, unter uns wie eine glänzende Metallplatte das Tote Meer. Wir sprachen Englisch, die europäische Sprache. Nein, er war kein Europäer; er kam aus Sibirien, und beiläufig erzählte er, daß er in einer kleinen sibirischen Stadt geboren und aufgewachsen war. Wahrscheinlich war sein Vater ein politisch Verbannter. Aber das erwähnte er gar nicht und wechselte sofort [im] Gespräch. Bisweilen unterbrach er und pfiff oder summte die Melodie einer Symphonie. Oder es geschah, daß er plötzlich aufsprang und mit den Worten »kann heute nicht lernen« fortlief, mit seinem geschmeidigen, lautlosen Gang. Er gehörte zu den besonderen Naturen, unverwüstlich, urhaft, welche das neue jüdische Palästina damals aufnahm und brauchte.

Wie anders, wirklichkeitsnah, war ein anderer Schüler von mir, Eli, der Leiter der Bromfabrik, der seine Familie in der Wohnsiedlung hatte. Er hatte sich vom einfachen Arbeiter zu dieser verantwortlichen Stellung heraufgearbeitet. Ehrgeizig, flink, kümmerte er sich um das Gemeinwohl der Siedlung. Mit seinem Motorrad sauste er die schnurgerade Straße auf und ab, immer in Bewegung. Er liebte Veränderung, Entwicklung, suchte den Arbeitsbetrieb zu verbessern. Auch für seine Kinder war er ehrgeizig, kümmerte sich um sie; sah er doch in ihnen die Zukunft von Palästina.

Welcher Gegensatz zu ihm war Joram. Auch er suchte Verbesserung, doch er war ein Phantast, ein Träumer, der von großen Erfindungen träumte und sie plante, die den Arbeitsprozeß des Werkes völlig verändern würden. Doch seine Pläne kamen nie zur Ausführung. Er suchte einen Arbeitsplatz in der Stadt, wo, wie er glaubte, er als Erfinder anerkannt würde. Doch auch dies gelang nicht. Er kam nicht los vom Toten Meer. Er sagte selber: »Ich bin verhext, verzaubert. Im Grunde bin ich hier gebunden.« Etwas von einem spintisierenden Philosophen steckte in ihm, sagte er einmal.

»Wir gleichen dem Grundstoff der salzigen, der Sonne ausgesetzten Lauge. Durch die Verdunstung scheiden gewisse Stoffe aus, und es bleibt der Rest, bis er schließlich durch Verarbeitung Pottasche wird. So scheiden wir Menschen all das Fremde, was wir aus unserem individuellen Leben mitbringen, hier aus, durch das seelische Klima umgeschmolzen. Übrig bleibt nur das Wesen des Menschen. Was er wirklich ist. Nur dann kann er hier bestehen, sonst wird er zur Schlacke geworfen.« Auch ihn brauchte das Werk, das neue Palästina.

Viele wollten von hier loskommen. So ein Arbeiter der Bromfabrik, Uri, aus Rumänien gebürtig, aus reicher Familie. Er sehnte sich nach dem städtischen Leben, hatte eine Verlobte in der Stadt. War er in der Stadt, so gab er großzügige Einladungen, trat groß auf, bis er wieder die Gasmaske in der Bromfabrik anlegen mußte.

Gesichter! Gesichter! So verschiedenartig, je nach ihrer Herkunft aus den andern Ländern und ihrer früheren Umgebung, und doch sie alle gezeichnet, geprägt durch das besondere eigentümliche Leben, ihren Arbeitsplatz am Toten Meer, dieses Männerlager.

Viele Schüler und Bekannte grüßten mich, wenn ich nach Beendigung meiner Privatstunden die Straße zum Tor, zur Wohnsiedlung zurückging. Um die späte Nachmittagsstunde war die Straße besonders belebt. Es war Schichtwechsel. Männer verließen die Fabriken, eilten in ihre Wohnstätten; andere gingen zur Arbeit, zur Nachtschicht. Denn die Maschinen standen nie still.

Oft begegnete ich auf der Straße einer kleinen Karawane von Eseln, die mit lautem Geschrei von arabischen Arbeitern angetrieben wurden. Manche waren in Fetzen gekleidet, die aus orientalischen Lappen und europäischen Kleidungsstücken zusammengestoppelt waren. Fremdartig, auch ihr Lächeln, das aus den bräunlichen Gesichtern hervorblitzte. Sie hatten den stolzen, geschmeidigen Gang von Häuptlingen. Meist kamen sie von jenseits des Jordan, von Beduinenlagern in der Wüste, und wenn sie ihre Gesänge anstimmten, wurde plötzlich die Asphaltstraße wieder von der Wüste überschwemmt. Sie waren Transportarbeiter; es gab auch in den Werken Hunderte von arabischen Arbeitern. Damals, noch während des britischen Mandats, war die äußere politische Beziehung zwischen Juden und Arabern friedlich. Eine Art Waffenstillstand. Und hier bei den Pottaschewerken arbeiteten sie ohne Zwist nebeneinander. Aber es war nur ein Leben nebeneinander, nicht miteinander. Getrennte Welten.

Oft am Abend badete ich im Toten Meer. Immer wieder war es ein merkwürdiges Gefühl, von dem schweren Wasser wie ein Korken hochgehoben zu werden, so daß man nicht untertauchen, mit Mühe schwimmen konnte. Stieg man aus dem Wasser, war der Körper mit einer Salzkruste bedeckt, die man unter der Dusche abspülte. Ich dachte dabei an Jorams Worte, daß dieses Salz des Toten Meeres, welches Wasser, Luft und Erde durchdrang, vielleicht nicht nur eine Wirkung auf den Körper ausübte, sondern eine tiefere [auf das] Wesen, wäre man längere Zeit hier. Mit diesen Gedanken beschäftigt ging ich in meinen Schlafraum. Denn ich hatte nach längeren Bemühungen mir einen Privatraum erkämpft in einer Holzhütte, deren dünne Wände kaum Schutz gegen die Hitze boten.

Die tropische Glut während der Sommermonate war schwer erträglich. Es war in den Nächten ohne Abkühlung schwer zu schlafen. [In meinem Tagebuch notierte ich:] »Feuer vom Himmel, das niederfällt. Feurige Klammern, die den Körper einschnüren. Man hat das Gefühl eines heftigen Fiebers. Die Kleider kleben am Leibe, und man möchte auch die Haut mitherunterreißen wie ein Nessoshemd, ein Stachelhemd. Das Herz klopft wie rasend. Der Atem geht schwer. Das Schrecklichste ist der Durst, der auch durch Trinken nicht gestillt wird. Alles hört auf. Denken, Fühlen. Nur ein Wunsch, heraus aus diesem Zustand, bei dem man verbrennt.«

Jedoch auch so eine Nacht geht zu Ende, und tritt man im Morgengrauen vor die Tür, ist man überwältigt von dem Farbenspiel des Himmels vor Sonnenaufgang. Grüne, bläuliche, gelbe Blitze durchzucken den Himmel. Dämonische Schönheit der Wüste!

Wenn nach einer so schweren Nacht der Tag anbrach, und es war der Tag in der Woche, an dem ich nach Jerusalem zurückfuhr, packte ich schnell meine Sachen und eilte zur Haltestelle. Nicht etwa zu einem Autobus, sondern zu dem Halteplatz der Lastwagen, die auf den mit Pottasche schwer beladnen Säcken die Urlauber nach Jerusalem mitnahmen.

Diese Haltestelle, wie alles in diesem Bereich, war etwas Besonderes. Sie lag an der Straße, ziemlich weit hinter dem Tor, eine Bretterbude, nach allen vier Seiten offen, damit der Wind hindurchblies, um die Wartenden zu kühlen. Denn hier hieß es geduldig warten. Schon um drei Uhr nachts drängten sich hier die Arbeiter, weil immer nur eine bestimmte Anzahl der Urlauber mitgenommen werden konnte. Es ging gerecht zu, nach der Reihe, eingeschrieben in Listen. Auch am Tage saßen hier immer Wartende, sehnsüchtig, wieder an die kühle Oberwelt zu gelangen.

Der Leiter und Wächter dieses Menschentransports war ein älterer Mann mit einem verwitterten, ausdrucksvollen Gesicht unter weißen Haaren. Seine Aufgabe, die ungeduldig drängenden Menschen in Ordnung zu halten, war schwer und verantwortungsvoll. Er war vor fünfundzwanzig Jahren als jüdischer Pionier von Rußland nach Palästina gekommen, und diese Jahre der Mühsal hatten ein Magenleiden bei ihm verursacht.

Stunde um Stunde sitzt er in diesem Holzverschlag und läuft hinaus, wenn ein Lastwagen anfährt. Er selber fährt zu seiner Familie, Frau und halbwüchsiger Tochter, jeden Spätnachmittag und kehrt am nächsten Morgen in der Frühe zurück.

Aber dieser Mann war mehr als nur Wächter und Ordner. Er, als Original bekannt, saß mitten im Zentrum der Verbindung zwischen Lager und Außenwelt. Hier, in dieser Bretterbude, wurde Politik besprochen, Nachrichten ausgetauscht. Hier war der Knotenpunkt, wo das Leben der Wüste mit dem Leben Jerusalems zusammentraf. Denn die Lastwagenfahrer brachten als gesprochene Zeitung die neuesten Nachrichten aus der Stadt.

Hier war auch das inoffizielle Versammlungslokal der Arbeiter, die hier ihre Meinungen, Beschwerden und Klagen miteinander besprachen. Als einmal Streik im Werke ausbrach, holten sich die Arbeiter hier in der Bretterbude die neuesten Berichte.

Auch ich wartete oft lange Zeit und lauschte den Gesprächen, dem Niederschlag dieses harten Lebens, ja, diesem Ausdruck des neuen ringenden Palästinas.

Dann kam der dramatische Moment, wenn ein Lastwagen vorfuhr. Nun begann der Kampf, sich einen Platz zu verschaffen. Die Leute drängten, sprangen, kletterten blitzschnell in den Wagen und setzten oder lagerten sich auf den Säcken. Jeder wollte nach Hause zur Familie. In das normale Leben, so kurz wie die Freizeit bemessen war nach der Woche von Schweiß, schwerer Arbeit in der Hitze. Für manche war der Hunger nach dem Leben in der Oberwelt so [wie bei] Soldaten, die vom Kampf auf Urlaub fahren.

Die Forderungen der Arbeiter, öfter als einmal in der Woche in die Stadt zu fahren, wurden nicht bewilligt. Die Frage des Urlaubs war das Hauptproblem der Arbeiter am Toten Meer.

Der Kampf um den besten Platz, neben dem Fahrer, hatte sich schon vorher abgespielt, bisweilen mit Wortstreit oder sogar mit Püffen und Handgreiflichkeiten, welche der Wächter zu bändigen wußte.

Auch ich fuhr oft auf den Säcken, manchmal kauernd, manchmal halb liegend, wenn es der Raum erlaubte, geschüttelt wie in der Kajüte eines Schiffes bei den starken Kurven der Fahrt. Jedoch als Frau und Lehrerin gelang es mir bisweilen, den beliebten Platz neben dem Fahrer zu erhalten.

Diese Männer, [die Pottaschefahrer], die diese Strecke seit Jahren fuhren, waren besondere Typen. Sie lebten auf der Straße, sie waren mit ihr verwachsen. Wie für den Seemann das Meer war die Straße ihr Lebenselement. Dreimal am Tage fuhren sie zum Toten Meer hinunter und wieder aufwärts nach Jerusalem. Um fünf Uhr in der Frühe führten sie die leeren Wagen in schnellstem Tempo in die Tiefe und fuhren dann schwer beladen mit den Säcken wieder hinauf. Es waren besonders gute Fahrer, seit Jahren im Dienste der Pottaschegesellschaft. Ihre Wagen mit starken Motoren waren äußerlich abgenützt und abgeschlissen wie sturmerprobte Kampfwerkzeuge. Die starken Motoren machten einen ungeheuren Lärm, so daß man kaum bei dem Getöse das eigne Wort verstehen konnte.

»Ich könnte nachts im Stockfinstern fahren«, sagte mir einer der Fahrer. »Das Auto kennt wohl schon selber den Weg.«

Auch sie waren, wie die Arbeiter, durch dieses besondere Leben geprägt, eine besondere Menschenart. Und auch sie wieder als Einzelpersönlichkeiten verschieden. Ich lernte einige von ihnen gut kennen, ihre Eigentümlichkeiten, ihre Charaktere. Sie waren alle Juden, sprachen Hebräisch und sehr gut Arabisch. Manche waren im Lande geboren; die meisten vor Jahren eingewandert. In meiner Erinnerung leben sie so stark, daß ich einige von ihnen wieder herbeirufe und mit ihnen spreche.

Ich sitze neben Elieser, einem der besten Fahrer des Werks. Er sieht aus wie ein russischer Bauer. Kraft und Festigkeit gehen von diesem stämmigen Menschen aus. Spielend lenkt er den schweren Wagen, der ihm gehorcht wie ein lebendes Pferd. Er ist schweigsam. Auch ich schweige, bis Elieser plötzlich sagt: »Ich werde in dem arabischen Dorf Eier kaufen. Wollen Sie auch welche?«

Er hält vor einem zerfallenen arabischen Haus; eilig kommt der ihm bekannte Araber auf die Straße. Und nun beginnt eine lebhafte Unterhaltung mit Handeln über den Preis der Eier. Werden sie einig, bringt der Araber türkischen Kaffee für uns beide, und mit schönen Worten wünscht er uns Glück und eine gute Fahrt. Eine Zeremonie, die sich oft wiederholt.

Eines Tages kurz vor Pessach ging Elieser in dies Haus. Als er herauskam, trug er ein ganzes, geschlachtetes Lämmchen auf den Armen. Ein verschmitztes Lächeln verzog seinen breiten Mund. »Das wird ein Festmahl zu Pessach«, sagte er und fiel wieder in Schweigen.

Ich habe ein Gefühl völliger Sicherheit, wenn ich mit Elieser fahre. Aber mit Schmuel zu fahren, ist sehr amüsant. Schmuel könnte seinem Aussehn nach ein schöner Italiener sein, obwohl er vor fünfzehn Jahren aus Rußland einwanderte. Schmuel singt. Er hat eine herrliche Stimme, und hätte das Leben ihm erlaubt, sich auszubilden, hätte er Tenor an einer großen Oper werden können. So singt er in seinen Freistunden in der Stadt; er singt im Radio, im Chor der Volksoper. Nach der anstrengenden Arbeit auf der Landstraße beginnt sein zweites Leben: er geht in Konzerte, musiziert mit Freunden.

Bisweilen, wenn er in Stimmung ist und besonders dann, wenn er ein Mädchen neben sich auf dem Sitz hat, singt er auch im Auto während der Fahrt. Seine herrliche Stimme übertönt den Lärm des Wagens. Er hat einen unerschöpflichen Schatz von Liedern, Schlagern, hebräischen Volksliedern, aber auch Arien. Manchmal singt er und spricht dazwischen mit dem Auto, als wollte er es durch seinen Gesang anspornen. Er ist auch groß im Geschichtenerzählen. So erzählte er mir einmal eine Geschichte von König Salomon, der elftausend Frauen hatte und immer noch nach der Richtigen suchte, an der kein Falsch war.

Eines Tages fahre ich mit Mosche. Er ist kein Sänger, kein Geschichtenerzähler. Hinter seinem hellen, blassen Gesicht und blauen, scharfen Augen sitzen andere Gedanken. Mosche ist ein Soziologe, ein Intellektueller. Er war Student in Rußland, und das Fahren für das Werk ist nur Mittel zum Zweck, um genug Geld zu verdienen, damit er weiter studieren kann. Er ist Mitglied der Arbeiterpartei und in der Gewerkschaft tätig. Er spricht kaum, mit seinen Gedanken beschäftigt. Manchmal zuckt ein spöttisches Lächeln um seinen Mund. Aber er ist beliebt bei seinen Arbeitskameraden, weil er auf alle ihre Sorgen eingeht.

Und da ist Selim, nicht schweigsam, eher geschwätzig. Er wird zum Scherz *unser Araber* genannt, weil er Arabisch ebenso gut spricht wie Hebräisch. Aus einer armen orientalisch-jüdischen Familie, im Lande geboren, ging er nie zur Schule. Als zwölfjähriger Junge wurde er in eine Autoreparaturwerkstätte geschickt und lernte sehr bald selber Maschinen reparieren. Maschinen sind seine Leidenschaft, und er hat die Aufgabe, die Straße nach Maschinen abzusuchen, die eine Panne haben, und sie wieder fahrbar zu machen.

»Ich bin der Letzte, der nach Jerusalem zurückfährt«, sagt er. »Aber das macht nichts. Ich liebe die Arbeit; ich will noch weiter lernen, selber Maschinen bauen. Oh, man wird mich nehmen, auch ohne Examen. Ich habe Fürsprache.«

Selim, Kind des Landes, der immer Heitere mit seinen schmalen geschickten Händen. Selim, unbekümmert, schwatzhaft und doch ernst, wenn es um eine zusammengebrochene Maschine geht. Selim, *unser Araber*, der doch ganz Jude ist.

Jedesmal, wenn wir auf der Fahrt nach Jerusalem den Punkt erreichen, wo an der Straße eine Tafel sagt: Hier ist die Scheide, *Höhe des Meeresspiegels*, packt mich Erregung. Ich habe die Empfindung, aus einem geheimnisvollen unterirdischen Kessel wieder an die Oberfläche aufzutauchen, zur Erde zurückzukehren von einem andern Planeten.

Nun geht es immer bergan, die Straße steigt. Kühle Luft, der Bergwind von Jerusalem weht uns an. Schon gewahre ich einzelne, kümmerliche Bäume auf dem Hügel, und dann grüße ich die Bäume Jerusalems, die feierlichen Zypressen, die starken dunklen Fichten, das zarte Laubwerk der

Ölbäume. Die Einfahrt ist jedesmal wieder ein Fest für die Augen. Wir blicken hinüber zum Tempelplatz, wo die goldne Kuppel der Omarmoschee funkelt. Ein Glanz liegt über den Kuppeln, Türmen, Mauern und Giebeln der Stadt. Ich bin wieder zu Hause.

Als ich meine Freunde wieder begrüße – ich wohne immer noch in der Pension –, scheint mir, ich bin von einer langen Reise zurückgekehrt, obwohl ich nur zwei Tage abwesend war. Ich genieße die Freizeit, und dennoch, bevor sie abgelaufen ist, zieht es mich wieder zurück zum Toten Meer, übermächtig. Bin ich also auch dem Zauber der Atmosphäre dort unten in der Tiefe verfallen? Wohl möglich.

Gewiß aber bin ich an die Schule, an die Kinder gebunden, die ich liebgewonnen habe. Es sind ja besondere Kinder, hineingesetzt in die eigentümliche besondere Landschaft, die Öde der Wüste und zugleich inmitten der hektischen Betriebsamkeit des Werkes. Eltern wie Lehrer sind sich wohlbewußt dieser Isolierung der Kinder und bemühen sich, sie durch Erziehung und Einfluß zu mildern und Verbindung mit der Außenwelt herzustellen.

Regelmäßig kommt von der Stadt ein Musiklehrer, um die Kinder im Klavierspiel und Chorgesang, auch Flötenspiel zu unterrichten. Das Schulprogramm der Volksschule steht unter Aufsicht des Erziehungsministeriums. Ehe die Kinder am Nachmittag ihre Schularbeiten nicht beendet haben, dürfen sie nicht zum Spielen herauslaufen. Sie werden auch zu praktischen Tätigkeiten angehalten. Jeden Morgen fegen die Kinder die Klassenräume aus. Sie haben geschickte Hände, sind anstellig beim Werkunterricht.

Und dennoch, trotz diesem überwachten und regelmäßig abgezirkelten Leben ist es gewiß, daß die Kinder von der Eigenart des Platzes beeinflußt werden. Schon das Klima wirkt auf ihr Wesen, macht sie oft überreizt lebhaft und, bei großer Hitze, lernfaul, apathisch. Die Wüstenlandschaft, ihre Heimat, vermittelt ihnen die stärksten Eindrücke, die tief in ihr Bewußtsein dringen.

Wie sind die Beziehungen der Kinder zu dieser Natur? Wenn sie diese Wüstenwelt in ihren Freistunden durchstreifen, entdecken? Die Natur, die scheinbar tot ist, nur scheintot, denn auch sie wimmelt von Leben. Da sind die schrillen winselnden Nachtrufe der Schakale; da sind unter glühenden Steinen verborgen Schlangen, ja, sogar die gefährlichen Skorpione. Die Landschaft ist voll unheimlicher Geheimnisse. Der Mittelpunkt ihres Erlebens ist das Tote Meer. Die Jungen haben sich ein Boot gezimmert und treiben damit auf dem See. Der See lockt, denn am andern Ufer sind die transjordanischen Berge, ein fremdes Land. Es lockt, es zu erforschen, wenn dies auch verboten ist.

Die Anführer der Jungenschar, begierig auf Abenteuer, sind die Zwillinge Elia und Jehuda. Jehuda ist die Führernatur, Elia gehorcht. Beide sind unzertrennlich. In ihrer Gefolgschaft ist Amos, ein bildschöner, wilder Junge, der keinen Augenblick stillsitzen kann, mit seinen schwarzen schalkhaften Augen, hundert Streiche im Kopf. Gebunden an diese Gruppe ist auch Dow, ein phantasievolles Kind mit einem schmalen, chinesisch geschnittenen Gesicht, und der rothaarige Abraham, scheinbar ruhig, und dann plötzlich voll überraschender Teufeleien. Bisweilen schließt sich ihnen eines der Mädchen an, die zwölfjährige Judith mit ihrem krausen blonden Haar, ehrgeizig, kräftig, die selber führen will, so daß sich ein Streit um die Führung entspinnt.

Diese Gruppe von Kindern ist oft unterwegs auf Streifzügen und Entdeckungsreisen in die Umgebung. Sie entdecken sonderbare Höhlen. Eines Tages sind sie Gäste in einem Beduinenzelt, gastlich aufgenommen. Es gibt in diesem herrlichen Jungenleben aufregende, dramatische Ereignisse. Eines Tages entdecken sie eine giftige Schlange und töten sie. Und eines Morgens sehen sie am Himmel einen Zug von Störchen, die auf ihrer Wanderung nach Europa sich niederlassen und rasten. Mit Jubelschreien verfolgen die Kinder sie bis weit in die Berge. Die Vögel fliegen erschreckt auf, aber einen lassen sie zurück, flügellahm, und die Kinder bringen ihn nach Hause und pflegen ihn.

So wurde der Storch, der Findling, für die Kinder ein zahmer Hausvogel. Sie fütterten ihn; sie zimmerten einen geräumigen Käfig für ihn. Er war so zutraulich, daß er oft aus dem Käfig hinausspazierte und im Schulgarten stolzierte. Er war eine stetige Freude und Entzücken für die Kinder. Jedoch nach einigen Wochen, als der lahme Flügel geheilt war, standen sie vor der Frage, ob sie dem Storch die Freiheit wiedergeben sollten, ihn fliegen lassen. Es gab unter den Kindern verschiedene Meinungen und, in Nachahmung der Erwachsenen, beriefen sie eine Versammlung ein.

Die meisten Mädchen wollten den Storch nicht fortlassen. »Er ist die Freiheit nicht mehr gewöhnt«, sagten sie. »Und wie kann er den Weg alleine nach Europa finden. Er wird ins Meer abstürzen.«

Aber einige Jungen widersprachen und gewannen die Oberhand, als einer sagte: »Ein Storch kann nicht im Käfig leben. Das ist gegen die Natur.« Damit war es entschieden.

Der Tag des Abschieds, des Abflugs kam. Der Storch erhob sich langsam, erst zögernd, dann stieg er auf, kreiste einige Male in schönem Bogen über der Siedlung, als wollte er Abschied nehmen, und dann entschwand er am Himmel. Einige Mädchen weinten. Er war ein starkes Erlebnis der Kinder am Toten Meer.

Natürlich übte auch das Werk eine große Anziehungskraft auf die Kinder aus. Auf ihren Rädern sausten sie durch das Tor, und mit Erlaubnis der Werkleiter durften sie in den Fabriken aufmerksam den Prozeß der Herstellung der Pottasche verfolgen. Manche von ihnen gewiß künftige Techniker und Ingenieure, die niemals diese ersten Eindrücke vergessen würden.

Eines Tages wurden die Kinder vom Lehrer in die Fabrik geführt, um dort selber einen vollen Tag zu arbeiten. Die Bezahlung, die sie erhielten, war für die jüdischen Flüchtlingskinder aus Teheran bestimmt, die Hitler entronnen waren und in Palästina von jüdischen Familien aufgenommen wurden. Diese Arbeit sollte den Kindern zum Bewußtsein bringen, daß jüdisches Schicksal sie mit den Verfolgten in der Fremde verband. Sie versuchten es zu verstehn, waren froh, daß sie wie richtige Arbeiter einen vollen Tag schaffen konnten. Im Grunde aber verstanden sie die besondere Not der Vertriebenen nicht. Unterdrückung, Angst vor Verfolgung, ja, Antisemitismus war ihnen völlig fremd. Sie waren freie Kinder des neuen Palästinas.

Von der Jungengruppe etwas abgesondert lebten die größeren Mädchen. Gewiß waren auch sie überlebhaft, wild und sausten auf ihren Rädern herum. Aber sie hatten andere Interessen. Ihre Sehnsucht ging nach der Stadt, nach Jerusalem, da sie das nächste Jahr dort im Internat die höhere Schule besuchen sollten. Eine quirlige Unruhe war in ihnen. War es die ewig unruhige Straße, die unaufhörliche Bewegung der Transportwagen hinauf und hinab?

Sie waren in den Entwicklungsjahren, die in dieser Umgebung eine besondere Unruhe verursachte. Sie schmückten sich gern, weiblich bewußt, hatten Sinn für stark leuchtende Farben. Besonders begabt und führend waren die Mädchen bei der Gestaltung der Feste. Beim Entwerfen der Kostüme, der Darstellung, den Vorführungen. Wie denn alle Feste hier ihr besonderes Gepräge hatten.

Jetzt im Juni, auf der Höhe des Sommers, lebten wir alle zu auf Schawuot, die Darbringung der Erstlingsfrüchte. Das Fest *Habikurim* ist die Erneuerung des alten biblischen Festes, als die Bauern zum Tempel nach Jerusalem hinaufzogen, um die Erstlinge der Ernte, aber auch die erstgeborenen Tiere der Herde, die ersten Lämmchen, Zicklein, Kälbchen, auf dem Altar des Tempels zu opfern. In Palästina, besonders in den landwirtschaftlichen Siedlungen, hatte man diese Zeremonie wieder belebt. Die Kinder, mit Tänzen und Gesängen, trugen ihre Erstlinge, Früchte und jungen Tiere zu der geschmückten Bühne. Nun hier, in der Wüste, auf unfruchtbarem Boden, gewann dieses Fest eine ganz eigenartige Bedeutung. Es war nach vielen Mühen, ja, nach Experimenten gelungen, den von Salz verkrusteten Boden zu entsalzen und die Erde keimfähig zu machen. Zunächst auf kleinen Flächen, so in einer Nachbarsiedlung und auch hier im Schulgarten der Kinder. Und hier war die Festbühne gerichtet. Von vielen Orten waren Besucher gekommen.

Da kündigte die Musik von Flöten und Trommeln den feierlichen Zug an. Weißgekleidete Mädchen, Blumenkränze in den Haaren, trugen in schönen Körben die Erstlingsfrüchte ihres Gartens, rote Tomaten, weiße Rettiche, grünen Salat, ein Einklang fröhlicher Farben. Auf der Bühne begannen sie einen Reigen, streckten mit einer beschwörenden Geste die Arme mit den Körben hinauf gegen den glühenden Himmel. Es war ein heißer Tag. Die Landschaft, öde, gelbgrau, war von Sandstäubchen erfüllt. Doch die weißen Gewänder der tanzenden Kinder schienen wie weiße, große Flügel die Luft zu fächeln und zu kühlen. Magischer Zauber lag in ihren Bewegungen. Sie verwandelten sich in die Gestalten der Vergangenheit, die Kinder Israels, die ihre Opfer darbrachten.

Und nun erschienen vier Knaben, die ein schmales Boot trugen, gefüllt mit strotzenden Früchten. Unter dem Jubelgeschrei der Zuschauer trugen sie das Boot die Landstraße entlang bis zu der Arbeiterküche. Dort saßen die Arbeiter, und als die Knaben das Boot zu ihnen hineintrugen, drang das Fest in ihren schweren Alltag. Sie alle sangen. Gelächter, Händeklatschen, tosender Beifall begrüßte die Knaben. Die roten Tomaten rollten wie bunte Kugeln über die Tische. Geld rollte zurück, bestimmt für neuen Bodenkauf des Jüdischen Nationalfonds, als Festgabe. Gabe der Wüste. In der Siedlung tanzten sie. Mitten im Sandstaub, in der Hitze, stampften die Füße den Boden. Das tote Land am Toten Meer zitterte von Leben und Freude.

Nachdem das Fest [verklungen war], begann wieder der Alltag. Aber eigentlich gab es hier keinen Alltag. Weder das Leben noch die Menschen waren alltäglich.

Wenn ich in der Erinnerung wieder jene Gesichter heraufbeschworen habe, so tragen sie alle einen bestimmten Ausdruck. Den Ausdruck einer Epoche, die der Vergangenheit angehört. Jene Menschen, die der Wüste trotzten, der Wüste fruchtbares Leben abtrotzten, friedliche Eroberer des Landes, waren die Vorbereiter; getrieben von dem übermächtigen Drang der jüdischen Erneuerung und Selbsterneuerung, waren sie die Menschen des Umbruchs. Sie waren, wie viele ihrer Zeitgenossen, die Wegbereiter für die neue Generation, die Wegbereiter des Staates Israel.

War es nicht ein Verbrechen?

Briefe aus dem Exil

[Armin T. Wegner an Lola Landau]
Berlin, den 1. Januar 1936

Gestern ist deine Einreiseerlaubnis nach Palästina gekommen, damit rückt der Tag deiner Abfahrt näher. Weißt du, daß ich ihm im Grunde doch mit großer Ruhe entgegensehe? Denn erstens sage ich mir, wenn du so bleibst, wenn du nicht zu deinem eigensten Wesen zurückfindest, habe ich nichts zu bedauern; denn ich habe dann auch nichts mehr zu verlieren. Und dann ist irgendwo ein merkwürdiger fester Glaube in mir. Ist es denn möglich, frage ich mich, daß du dies alles nicht siehst oder eines Tages nicht sehen wirst? Tröste dich doch und erkenne, daß das Schicksal uns dies alles nur geschickt hat, um uns zu prüfen! Denk daran, daß du dabei im Grunde viel mehr zu verlieren und weniger zu gewinnen hast als ich. Denke an Cosima, an viele andere. Hat es denn gar nichts Verlockendes für dich, die aufrechte tapfere Frau eines aufrechten tapferen Mannes zu sein, der niemals aufgehört hat, mit dem Drachen dieser Zeit zu kämpfen?

Wenn du wüßtest, wie im Grunde stolz ich auf dich war, auf den mühevollen, heldischen Weg, den du gewählt hattest – warum mußtest du ihn auf diese Weise beschreiten? Glaube mir, diese »Heimkehr«, die man dir anpreist, ist das Grab, den Fleck Erde, den du auf diese Weise erwirbst, wirst du nicht nur mit dem Tode [d]einer Liebe zu mir bezahlen, sondern mit dem Tod deines eigenen Selbst. Ich verkenne nicht die Kraft, die überall von der Erde ausgeht. Mit Kummer und tiefster Erschütterung habe ich gesehen, wie im Krieg die ausgetriebenen Armenier auf ihrem Todesweg in die Wüste in ihrem Schnupftuch eine Handvoll Erde mit sich trugen, um sterbend sich noch den Boden der Heimat auf die Brust zu legen. Auch dich hat man vertrieben, Geliebte, deine Kinder und alles, was einst aus ihrem Blute noch kommen mag; aber ist das ein Grund, auch deinerseits den Boden zu verraten, der dich und deine Ahnen so lange genährt hat? Willst du die Kraft und Herrlichkeit deiner Seele hingeben für eine Mauerritze, einen Felsenspalt, um darin zu wurzeln, ja, für einen Blumentopf voll Erde, in dem dein freies, stolzes Wesen doch ersticken müßte? Lieber wollte ich heimatlos in der Wüste verdorren unter dem freien Himmel des Geistes! [...]

Ach, Geliebte, möchtest du doch eines Tages noch einmal erkennen, was mich auf diesen Weg getrieben hat und weshalb ich ihn weiter verfolgen muß. Weißt du noch in jener undenkbar schönen Zeit in unserem herrlichen Walde, als wir noch nicht lange miteinander verbunden waren und uns auf unseren Fahrten auf den schmalen Gewässern zwischen Seen »Ginewra und Lanzelot« nannten? Warst du es nicht zuerst, die mir den Namen »Lanzelot« gab? Hast du dich denn getäuscht? Ist es nicht gerade dies, das du mir jetzt zum Vorwurf machst? Ist es nicht Lanzelot, den du einst liebtest, und den du jetzt fliehst? Bin ich nicht der reine Tor geblieben, den du vielleicht einmal mit Recht in mir erblicktest, und der gerade darum in der deutschen Sage ein Held ist? Oder mußt du mich gerade deshalb verlassen, weil ich eben darin ein ewiger Deutscher blieb? Glaube mir, wenn auch der alltägliche Bürger ein wenig mit Verachtung und Unbegreifen auf solche »Toren« herabblickt – die Welt als Ganzes weiß sie dennoch zu schätzen und beneidet sie im Grunde um ihr reines Gewissen! Du wirst sagen, daß in all dem auch ein wenig Spiel ist, und wieder nicht begreifen können, wie man das Leben um solcher »Torheit« willen in Gefahr bringen kann. Du weißt also nicht, daß auch die Toren von einem »Dämon« getrieben werden. Gewiß war ich mir nicht klar darüber, daß ich deine Liebe dabei auf das Spiel setzte – im [Bewußtsein, daß ich meinen Weg zu] beschreiten hätte, damit du nicht aufhören müßtest, mich als deinen Mann und als Deutschen zu lieben und zu achten! Wenn dieses Spiel also falsch gewesen ist, und ich im Gegenteil deine Liebe und Achtung verlor, so kann ich nun doch sagen, daß ich wenigstens nicht feige gehandelt habe, denn selbst wenn ich dich wirklich dabei verlieren sollte, so habe ich doch dabei vielleicht ein wenig von dem gewonnen, was man Ehre nennt – wenigstens vor mir selber, und glaube mir, daß für ein ehrliches Gewissen in diesen Zeiten vielleicht nichts so schwer ist, als gerade vor sich selber bestehen zu können.

[...] Aber eines hättest du doch spüren können: alles, was ich in diesen zwei Jahren tat, mein Brief an Hitler, mein Festhalten und mein Widerspruch in Deutschland, jedes Wort, das ich mit Freunden oder Fremden sprach, die Zeit der Gefangenschaft und mehr noch meine zweite Verhaftung, die die Folge meines Eintretens für die Freiheit eines jüdischen Kameraden war, ja, jedes Wort, das ich in dieser Zeit schrieb – das alles war nicht nur der Kampf einer Weltanschauung, sondern auch ein unentwegtes Lied der Liebe für dich, vielleicht auch des Dankes und der ausgleichenden Vergeltung für manchen Schmerz, den ich dir früher, wenn auch ungewollt, selber bereitet hatte! Denn dies alles geschah nicht nur in dem Wunsch, mich vor meinem Volk, vor der Geschichte und vor mir selbst zu behaupten, sondern war ein ständiges Werben um deine Liebe und Achtung. [...]

Lel menucho, al hamito! Denn es ist spät, sehr spät, aber du siehst, meine hebräischen Kenntnisse nehmen zu. *Lel menucho!*

bis zu jener letzten Nacht, da wir Abschied nehmen für immer, von uns oder von dieser Erde.

Armin.

Berlin, den 3. März 1936
»Oase Biskra«

Geliebtes Herz!

Dein letzter Brief erreichte mich am Sonnabend abend. Die qualvollen Rufe, die du so voller Verzweiflung aus deiner Einsamkeit zu mir herüberschickst, erschreckten mich und verwunden mich tief. Läge es doch in meiner Macht, ich würde noch heute aufbrechen, um zu dir zu eilen! Es bekümmert mich deshalb auch, daß ich dir in meinen letzten Briefen vielleicht zu viel von meinem eigenen Kummer über dein Fernsein geschrieben habe, statt dir nur Trost, Freude und Kraft zu wünschen. Aber wie es auch sei, eins soll dich nicht bedrücken, daß du mich alleine gelassen hast. Ich helfe mir schon so, und seit einigen Tagen bin ich wieder zu meiner Arbeit zurückgekehrt. Die Hauptsache ist jetzt, daß du selbst wieder zur Ruhe und dem Bewußtsein der Festigkeit in dir selber gelangst. Du siehst eben an dieser Erfahrung (so wenig wir uns dessen vielleicht auch bewußt waren), wie sehr wir beide ständig Kraft von einander gewannen. Ich bin unter diesen Umständen sehr beruhigt und halte deinen Entschluß für sehr richtig, daß du nach Jerusalem gezogen bist, auch im Hinblick auf unsere gemeinsame Zukunft. Und du weißt, ich war immer dafür! Besonders wohltuend aber ist mir der Gedanke, daß du ständig Fühlung mit meinem alten Kameraden Marcus hast, wie unendlich trostvoll ist gerade in solchen Zeiten die Möglichkeit, sich ständig mit einem wahren Freunde auszusprechen. Nutze sie nur aus und scheue dich nicht. Es ist ja in der ersten Zeit immer am schlimmsten, bis man sich an eine neue Lage gewöhnt.

Verschaffe dir Bücher! Bücher geben einem so viel in der Einsamkeit, sind die besten davon nicht auch von ewig Einsamen geschrieben? Vor allem aber achte darauf, daß du bald von deiner Erkältung befreit wirst, sobald du dich nur wieder ganz gesund fühlst, wird dir alles leichter erscheinen. Und dann such dich zu irgendeiner geistigen Arbeit zu zwingen. Ich weiß, wie sehr mir dies einmal geholfen hat, als ich in einer noch viel schlimmeren Verlassenheit einsam in meiner Gefängniszelle saß, und auch neulich an einem ganz verzweifelten Tage, als ich endlich die Feder angesetzt hatte, beruhigte ich mich allmählich dabei und kam wie ein gutes Pferd an seinem Zügel dabei immer schneller und schneller in Trab.

Kaufe dir Zuckerwerk, du weißt nach einer alten Erfahrung, wenn Süßigkeit auf die Zunge kommt, bringt sie nur lichte Erinnerungen und süße Träume. Und dann der Kaffee – »Der schwarze Neger, der Geist des Traumes und die Quelle der Phantasie!«, um mit den Worten der Araber zu sprechen, die dir ja jetzt näher sind als mir.

Hier tönt in diesen Tagen die Posaune des Tages stärker denn je an unser Ohr, von der man nie weiß, ob sie nicht zugleich die Posaune des Jüngsten Gerichts ist. Ich fuhr neulich an einem dieser hochpolitischen Tage gerade mit einem Freunde durch die Stadt. Er hatte in seinem Wagen einen Lautsprecher eingebaut. Und während wir durch die Straßen fuhren, auf denen überall die Menge gespannt lauschend in Gruppen herumstand, hörten wir weiterrollend in unserem Gefährt still für uns die Rede des Führers [...] und mit Verwunderung und Schrecken stellte ich fest, daß es in dieser Rede einige

Stellen gab, die eine wahrhafte Ergriffenheit in mir zurückließen. Immer wieder überprüfe ich mich und frage mich, wie weit dieser Mann durch sein Volk und den Platz, an den es ihn gestellt hat, gewachsen ist? Wenn ein ganzes Volk seine Seele in ein Gefäß schüttet, ist es ein Wunder, daß ein Widerschein der Schönheit und Erhabenheit seines Inhalts auch auf mich zurückstrahlt? Selbst in einer rohen und beschmutzten Schale wird der Geist dieses Volkes seine verklärende mächtige Kraft nicht leugnen. Aber was beweist das? Muß man sich nicht schämen, daß dieses Gefäß nicht schöner und edler ist? Aber wie weit darf man, wie weit muß man um dieses geweihten Inhalts willen selbst das unwürdige Gefäß noch achten und heiligsprechen?! Das sind finstere und qualvolle Fragen, und der furchtbare Zwiespalt zwischen Verantwortung für die Gemeinschaft, die mein Schweigen selbst noch für ihre bösen Taten erheischt, und der Berufung zum heiligen Widerspruch der Empörung vor dem Gericht der Ewigkeit wird wahrscheinlich niemals zur Ruhe kommen in mir. Entsinnst du dich, wie wir einmal gemeinsam in einem Berliner Theater eine jüdische Tragödie Theodor Dreisers sahen, in der die ganze Familie, Vater, Mutter und Schwester, die verbrecherische Tat des Sohnes vor Gericht ableugnet, um der Ehre und Hochachtung der Familie vor den Augen der Welt willen, und wie sie um dieser inneren Unwahrheit willen seelisch nahezu zerbrachen?!

Ach, meine Liebe, du rufst mich, du sagst, ich möge so bald kommen als möglich und nicht erst im Herbst. Du sprichst in so schönen hoffnungsvollen Worten von dem Aufbau eines neuen gemeinsamen Lebens in Jerusalem. Aber, meine Liebe, was soll ich dir jetzt darauf antworten? *Natürlich werde ich alles nur mögliche tun, um die Frist abzukürzen.* Wäre nicht die Frage des ausländischen Geldes, ich käme gleich; aber so müssen wir beide noch ein wenig geduldig sein. Du weißt ja, wie sehr ich dieses Land dort drüben liebe und wie tief ich ihm seit Jahren verbunden bin; aber ich muß doch hier in erster Linie an Verdienst und Nahrung denken. Die Nachrichten aus der Schweiz lauten nach wie vor günstig. Aber Genaues werde ich erst sagen können, wenn ich Ende April dort bin. Forsche und vertiefe dich inzwischen in das Land und die Menschen deiner Umgebung. Ich sende dir alle meine Liebe und alle meine Kraft dafür! Du sagst, wir hätten einen Fehler begangen, und du hättest meine Worte gewiß mißverstanden, daß jeder nur für sich selbst die Verantwortung tragen sollte. Ja, das hast du gewiß. Aber du weißt ja auch, daß jeder zu seinem Teile an Arbeit und Opfer für die Familie beitragen sollte, auch die Frau. Und hast du denn wirklich je ernstlich daran gezweifelt, daß ich in wahrer Not je davor zurückschrecken würde, alles, aber auch alles zu tun, um unser kleines Häuflein zu erhalten und zu schützen?

Es muß freilich schwer sein für einen Menschen, der nicht das gleiche Erlebnis gehabt hat, ganz die Gedanken des anderen zu verstehen. Das ist dir wohl auch bei mir in diesen Jahren nicht immer gelungen. Und so hast du manches für einen nutzlosen, törichten Wahn gehalten, was mir tiefste Lebensnotwendigkeit war, und hast nicht begriffen, wie ich die nächsten Tage des Alltags dahinter zurückstellen konnte. Denn jeder Mensch, der im Gefängnis gesessen hat, ist einer, der eine Weile über das Leben des Tages hinweg in die Ewigkeit geblickt hat. Das hat ihn für das tägliche Leben untauglicher, aber für die Ewigkeit tauglicher gemacht. Der tiefe Zweifel an der Fraglichkeit und Unwichtigkeit allen Daseins hat ihn ergriffen. Das macht ihm das Leben nicht leichter; denn es zwingt ihn, Dinge zu tun, die er längst als unwichtig erkannt hat und die er dennoch als wichtige zu tun gezwungen ist. Ach, meine Liebe, kannst du nicht verstehen, wie schwer, aber wie beglückend zugleich es war, aus dieser Erfahrung heraus das Leben noch einmal zu beginnen, und wie enttäuschend für mich, dabei in dir kein Echo zu finden? Ich bin so erschüttert, so gerührt und gleichzeitig auch dankbar bewegt durch das Bewußtsein, daß du nun so heftig nach mir zurückverlangst. Und wenn es auch schmerzlich ist, daß wir in diesen für dich so schweren Tagen voneinander getrennt sind – ist es nicht dennoch ein wunderbar beglückendes Gefühl, einander zu gehören und einander noch Kraft geben zu können über so weite Fernen hinweg? Liebe! Liebe! Liebe mit verdoppelter Kraft. Ich habe immer gefunden in Zeiten der Not, daß Liebe die einzige Rettung ist, um sich selbst [zu] behaupten und alle Leere zu überwinden. Liebe das Land, jedes Haus, jeden Menschen, jedes Tier, dem du begegnest, so werden auch deine Kinder, du selbst und dein Mann dir daraus entgegenleuchten, und du wirst nicht mehr allein sein!

Weißt du noch, wie wir unser Haus an den Ufern des Stechlin »Haus Sieben Wälder« genannt haben, weil wir glaubten, daß es sieben Wälder des Lebens wären, die wir durchschreiten müßten, ehe wir es erreichten? Aber das war eine Täuschung, dieses Haus war nur eine Rast, wenn auch eine lange und schöne auf unserem Wege, nur eine Lichtung im Wald, wie unser Dorf selber auf einer Lichtung in den Wäldern gelegen war. Nein, die sieben Wälder sind noch nicht durchwandert. Die Irrfahrt geht weiter. Es ist der brennende Wald des tödlichen Feuers, den wir eben durchschritten. Aber der schönste, der heiterste, der Wald des Paradieses, der weiße, seidige Wald der Heimat und des Friedens wartet noch unser in der Ferne. Werden wir ihn nicht bald erreichen? Zweifelst du noch? Oder tragen wir ihn vielleicht schon in uns selber – ohne es zu wissen?

Armin.

Glückliche Zeiten in Neu Globsow, Fotografie aus dem Jahr 1925

Landschaft am Toten Meer. Fotografie von Tim Gidal

[Lola Landau an Armin T. Wegner]

Jerusalem, den 9. 3. 1936
Bet Hakerem

Liebster Armin!

Bis jetzt bin ich noch ohne Nachricht von dir, vielleicht liegt etwas in Haifa, wohin ich morgen zurückkehre. Von Ben Schemen fuhr ich ein paar Tage [zu] den lieben Markus'. Ihr herrlich gelegenes Heim haben sie vergrößert, den ansteigenden Zypressengang weiter durchgeführt und ein zweites Haus gebaut, um ihre Pension zu vergrößern. Es war wirklich ein Aufatmen für mich, bei diesen lieben Menschen zu sein, und ich habe mich gar nicht weggerührt, obwohl Purim in Tel Aviv winkte, viel zu müde und erschöpft, um mich zu rühren. Hoffentlich lebt sich unsere süße Kleine bald in Ben Schemen ein. Viel geht mir nach, was in den letzten Wochen sich zwischen uns abspielte. Ich frage mich, wäre es nicht möglich gewesen, etwas zu finden, was für uns beide seelische Lebensmöglichkeit gewesen wäre. Ich hätte eben dann Palästina aufgeben müssen. In irgendein neutrales Land mit dir gehen? Aber dort, dort ist man doch ein lästiger Fremder. Immer noch kämpft und wittert dies alles in mir. Ich glaube, Armin, daß Familie und Heim das einzige ist, was in solchen Zeiten Bestand hat und wirklich seelischen Schutz gibt. Aber Familie, das ist nicht nur Sibylle, und ich gehe dich nichts an, sondern das ist Sibylle, du und ich, eine Einheit, und du und ich beide verantwortlich für das Ganze.

Übrigens halte ich es für möglich, daß wir in Jerusalem unser Heim aufschlagen könnten. Es ist doch durchaus eine internationale Stadt. Eine Stadt so bunt und so weit, und hier strömt das Herz vieler Völker und vieler Seelen zusammen, [so] daß wir hier eine seelische Lebensbasis finden könnten. Aber die Existenzfrage? Sehr schwer scheinbar. Nach allem, was ich bis jetzt hörte, wird dies sehr schwierig sein. Es sind die Stellungen selten und nicht gut bezahlt.

Nun bin ich ja sehr gespannt, wie es mit deinem Buche steht? Wie deine Arbeit geht? Und wie du sonst lebst? Und wie deine Stimmung ist? Und was für Menschen du siehst?

Ich werde vorläufig nach Haifa zurückkehren und ein Zimmer auf dem Karmel nehmen und Hebräisch lernen.

Für heute herzlichste Grüße Lo

[Armin T. Wegner an Lola Landau]
Berlin, »Oase Biskra«, den 18. März 1936

Mein Dämon! Meine arme Liebe!

Erinnerst du dich noch der Zeit, da ich dich halb im Scherz und doch mit einem sehr ernsten Sinn so nannte, wenn du umhergetrieben von deiner Leidenschaft wütetest – damals unter den uralten, ewig grünen Bäumen an unserem See? [...] Als ich in den Tagen deines Aufbruches in deinen alten Briefen und Aufzeichnungen las, da fiel mir wieder auf, mit welcher Macht du, von einer gewaltigen Leidenschaft gepackt, damals aus deiner alten Ehe ausbrachst über alle Hindernisse, selbst über die ursprüngliche Geborgenheit deiner Kinder hinweg. Und mir schien, daß du auch jetzt in all diesen Monaten von einem furchtbaren Dämon getrieben wurdest, der wie jede große Leidenschaft ebenso beseligend wie gefahrvoll ist – nur daß es diesmal nicht die Liebe der Frau war, die dich so gewaltsam von meiner Seite und aus deinem alten Kreise fortriß, sondern die Liebe, die Leidenschaft zu deinem Volke und der Zorn über das erlittene Unrecht, um unter allen Umständen aus dem Gefängnis dieses Landes auszubrechen; aber so, wie diese Gewalt sich in dir äußerte, vermochte ich darin keineswegs nur eine Folge der veränderten Zustände in Deutschland zu sehen, sondern eine dämonische, ebenso wie furchtbare, für dich notwendige wie verhängnisvolle Macht, die dich mit ihrem göttlichen Befehle zu sich rief.

Ich glaube, der Herzog La Rochefoucauld hat das kluge Wort gesagt, daß die Dauer unserer Leidenschaften ebensowenig von uns abhängt wie die Dauer unseres Lebens. So hat die Leidenschaft zu deinem Volke die Leidenschaft zu mir abgelöst, und nun mußt du erkennen, daß das Glück der einen sich doch nicht mit dem völligen Verlust der andern erkaufen läßt.

Mein geliebter Dämon, nach jedem Aufbruch zu einem neuen Ziele muß es wohl notwendig dahin kommen, daß wenn man es erreicht, man plötzlich erkennt, wie wenig damit im letzten Grunde bewältigt ist. Nun hast du die Küste betreten, nach der du so lange gestrebt hast, aber, da sitzt man eines Tages in seinem Zimmer, blickt auf die fremden kahlen Wände und fragt sich: Was nun? Und man erkennt, daß das erreichte Ziel nur ein Aufbruch zu einem neuen, noch ferneren Ziele ist; und nun mußt du es dabei vermissen, daß der, der bisher alle deine Entschlüsse und Aufbrüche begleitet hat, nicht bei dir ist. Denn wir haben ja schließlich nicht nur eine Ehe miteinander geführt, sondern in allem Glück und allem Schmerz, den wir einander zufügten, in allen Kämpfen, die wir mit- oder gegeneinander fochten, eine wunderbar herrliche Kameradschaft!

Ich muß dir gestehen, daß ich eine solche Erkenntnis in dir nicht nur gefürchtet, sondern auch erhofft habe; denn ich wünschte ja nichts sehnlicher, als das Band zwischen uns niemals zu zerreißen – aber ich hatte doch nicht erwartet, daß eine solche Klarheit so schnell mit solcher Macht über dich kommen würde. Aber wird dies auch wirklich von Dauer sein, und ist dies nicht nur ein plötzliches Zurückschrecken, so wie du auch damals einmal in deine alte Ehe zurückflüchten wolltest? Ach, meine Seele, mein Leben, ich bin gar nicht glücklich darüber, denn so sehr mich deine Sehnsucht erfreut, daß du nach mir Verlangen trägst, so sehr bedrückt mich der Kummer, dir nicht sogleich helfen zu können! Ich wünschte auch sehr, daß all die Kräfte, die das Erlebnis deines Volkes in dir aufgeregt hat, durch die furchtbare Last der Einsamkeit nicht gleich erdrückt werden möchten, ehe sie zu neuen Gedanken und Taten in dir fruchtbar geworden sind. [...]

Armin

[Lola Landau an Armin T. Wegner]

27. März 1936
Bet Hakerem Jerusalem
Bet Markus

Liebster Armin!

Dein[en] mit Schreibmaschine geschriebenen Brief habe ich erhalten. [...] Aber habe ich sonst keine Nachricht von dir? Hast du denn meinen Brief nicht erhalten, in dem ich dir schrieb, daß du dich vorbereiten sollst, mich so schnell wie möglich zu besuchen, ja, daß wir nun ein kleines Heim in Jerusalem gemeinsam aufbauen. Mir ist sehr bange! Und wenn ich offen sprechen soll, bin ich sehr unglücklich. Und leide unter den quälendsten Selbstvorwürfen. Ich hatte nach Palästina gehen [müssen], sicher, und hier gibt es Zukunftsmöglichkeiten. Aber nicht allein ohne dich hätte ich gehen sollen und den Rest, den Stumpf der schon zerstückelten Familie auch zerstören.

Hörst du nicht die S.O.S.-Rufe, die ich ausstoße? Ich wußte nicht, daß es in Palästina alleine seelisch so schwer sein würde. Denn ich habe keinen Menschen, der wirklich Interesse an mir hat, und nur gemeinsam kann man aufbauen! Als Frau allein ist es wahnsinnig schwer!

Aber wie kam dies alles? Die letzten Jahre waren sehr schwer. Zu viel lag auf meinen Schultern allein. Ich hatte das Gefühl, du bist keine Hilfe für mich! Und die Bemerkung, ich brauche nie für dich zu sorgen, hat völlig grauenhaft auf mich gewirkt. Ich fühlte mich völlig verlassen. Und es war selbstverständlich, daß ich immer mitarbeitete. Ich habe es doch immer getan. Armin, ich beschwöre dich jetzt, in Gedanken an das Kind, bilden wir wieder eine Familieneinheit.

Helfen wir gemeinsam! Ich helfe dir auch mit deinem Buch. Aber sieh zu, daß wir vielleicht daneben mit Photojournalistik etwas machen können. Nur so wird es möglich sein. Jerusalem ist eine internationale Stadt. Hier können wir leben. Schwer ist es allerdings für mich. Hebräische Kenntnisse sind für mich *unbedingt notwendig*. Sonst ist für mich hier nichts zu machen. Und Hebräisch ist furchtbar schwer! Deshalb bleibe ich noch in Bet Hakerem. Hier ist eine hebräische Atmosphäre! [...]

Schreibe bald! Ich bin sehr entzückt von Jerusalem. Es ist hochinteressant. Aber durch dieses Alleinsein bin ich wie gelähmt. Auch in jeder Willensanstrengung. Ein Hiobschicksal! Du mußt mir jetzt helfen! Sonst gehe ich zugrunde. Hier kümmert sich in Wirklichkeit keiner um den andern. Weil es ein erbitterter Existenzkampf ist. Deshalb Familie oder Gemeinschaft – einzige Hilfe. Ich schließe für heute.

Innigst Lo.

Den Brief niemand zeigen.

Ich schreibe am Nachmittag weiter, nachdem ich von einem Besuch von Smoiras, die sehr nett waren, und Frau Blumenfeld zurückgekehrt bin. Ich bin ruhiger geworden und bitte dich, zeige bitte diesen Brief nicht Mama. Ich möchte nicht, daß sie sich beunruhigt. Im Grunde gefällt mir vieles hier gut. Vorausgesetzt, man hat eine Existenz, so kann man in Jerusalem sehr angenehm leben, ja, diese Stadt bietet viel Interessantes. Dann ist die Landschaft großartig, und man kann auch geistig arbeiten. Nur sind die Einordnungsschwierigkeiten alleine schwer zu ertragen. Augenblicklich muß ich wieder umziehen, da ich nur provisorisch untergebracht war, und suche mir wieder ein möbliertes Zimmer. Das ist gar nicht so einfach. Es ist viel leichter, ein leeres Zimmer zu bekommen und es sich selbst zu möblieren. Ich kann mich doch aber nicht mit Möbeln versehen, ehe ich Arbeitsmöglichkeiten sehe. Entschlossen habe ich mich, vorläufig in Bet Hakerem zu bleiben. Denn hier ist eine hebräische Atmosphäre, da hier meistens hebräische Lehrer wohnen. Ich hoffe, wieder bei einer hebräischen Lehrerfamilie unterzukommen, da ich dort die Sprache am besten lernen kann – aber natürlich sind diese Menschen mir doch sehr, sehr fremd.

Bin ich im Haus bei Markus', fühle ich mich ganz zu Hause, gehe ich zu meinen Wirtsleuten, fühle ich mich plötzlich wie im Auslande, da ich auch die Sprache nicht verstehe. Ich kann mich an keiner Unterhaltung beteiligen, keine Zeitung lesen, kann überhaupt nicht am geistigen Leben des Landes im geringsten teilnehmen.

Eine große Freude war für mich das Wiedersehen mit Sibylle. Sie kam mit einer Gruppe ein paar Tage nach Jerusalem, um Stadt und Umgebung anzusehen. Und sie sah gut aus. Natürlich ist auch für sie die Anpassung nicht leicht. Aber es sind doch viele deutsche Kinder da, das erleichtert es.

Ich nahm sie, da sie auf harten Bänken elend untergebracht waren, zu mir nach Hause, und sie schlief in meinem Bett. Es war [für] mich ein solches Glück, für sie zu sorgen, daß ich auflebte.

Und wie geht es dir? Wann gedenkst du deine Erholungsreise anzutreten? Wann geht es mit dem Buch vorwärts? Schreibe bald! Schreibe mir übrigens auch genau: Was hat meine Schreibmaschine gekostet? Und was hat der photographische Apparat gekostet?

Und mit wem bist du zusammen? [...]

Lebwohl für heute. Herzlichst Lo

[Armin T. Wegner an Lola Landau]

Vietri sul mare (Salerno)
31. August 1936

Mein armes, vom Baum gerissenes Blatt im Winde!

Wohin treibst du nun wieder? Immer weiter fort? Wann trägt der Wind dich wieder zu mir? Ich schaue immer hinaus auf das Meer, ob nicht in der Ferne irgendein Schiff vorüberkommt, das dich zu mir bringt? Aber da ist nichts als die schöne blaue und grausame Weite. Ich war ein paar Tage fort auf einer Fußwanderung die Küste entlang und dann durch Ischia und Capri, und nach meiner Rückkehr fand ich deinen Brief und bin ganz verzweifelt über deine Worte. Die gleiche große Bangigkeit wie dich erfüllt mich auch. Was bleibt uns denn noch, wenn wir beide einander nicht festhalten? Alles, was dich bewegt und bekümmert, quält und zermartert auch mich, alles Kämpferische um Welt, Werk und Meinung tritt allmählich zurück hinter dem einen Wunsche, mit dir und dem Kinde irgendwo in Frieden leben zu können. Denn was nützt es mir, daß ich mein Volk, die Heimat, die Menschheit liebe, wenn ich allein stehe gegen ein ganzes Geschlecht? So möchte ich in der Stille weiter leben und schaffen mit dir. Selbst meine eigene Arbeit ekelt mich im Augenblick an. Ich kann die vollgeschriebenen Seiten nicht mehr sehen, zwischen denen dein Gesicht hindurchleuchtet, das ich überall suche. Ruhelos gehe ich im Zimmer umher, nehme deinen Brief zur Hand, lese von neuem deine Worte und vermag sie nicht mehr zu ertragen, da sie mich bis zur Sinnlosigkeit quälen. Eine namenlose Angst erfaßt mich zuweilen, wieder in dem Strudel dieser Zeit zu versinken und nichts in den Händen zurückzubehalten als das gestaltlose Nichts oder die wesenlose Luft.

Aber ich habe inzwischen gehandelt. Ich habe ein Heim für uns geschaffen oder wenigstens vorbereitet, und du kannst dir vorstellen, wie sehr ich bei allem Verlangen danach um diesen Entschluß gerungen habe, da ich nicht einmal die Möglichkeit hatte, deswegen an dich zu schreiben und deine Antwort abzuwarten. Aber ich habe mir gesagt, daß es falsch für uns alle wäre, diese Gelegenheit ungenutzt vorübergehen zu lassen, und wenn du einmal hier gewesen bist und alles bedenkst, was ich dir sage, wirst du mir recht geben.

Auf der Rückfahrt von Capri kam ich zum zweiten Mal nach Positano, einer alten sarazenischen Felsenstadt, die traumhaft am Meere aufsteigt, und habe dort ein kleines Häuschen für uns gemietet. Die Lebensbedingungen am Ort, das Klima sind so außerordentlich günstig und der Mietpreis so gering (75 Lire, d. h. 15 Mark monatlich oder 180 Mark im ganzen Jahre), daß diese Bindung kaum einen Verlust für uns bedeuten kann. Selbst wenn dir der Ort für die Dauer nicht zusagt und wir in jedem Jahre nur zwei Monate Ferien dort zubringen sollten, würde es sich lohnen. Spätestens im Früh-

Jahr werde ich unsere Möbel und Bücher dort hinbringen lassen, und wir werden uns so einen festen Punkt, ein eigenes kleines Heim schaffen, wohin wir uns vor den Stürmen der Zeit immer wieder zurückziehen können.

Positano liegt ungefähr in der Mitte zwischen Palästina auf der einen Seite, zwischen Deutschland, der Schweiz und England auf der anderen. So wird es nicht allzu schwer für dich sein, alle jene, die dir besonders lieb sind, Andreas, Alf, deine Mutter von Zeit zu Zeit hier bei dir zu sehen. Denke dir unser Haus von den sieben Wäldern am Stechlinsee an die Ufer des Golfes von Salerno versetzt, so wirst [du] verstehen, was ich meine und was dich hier erwartet. Aber alles ist viel günstiger als dort, der immer blaue Himmel im Sommer, die heitere Bevölkerung, die Fülle der schönsten Früchte und Gemüse im Sommer, die dieses Land zu einem Garten des Paradieses machen. Die wunderbaren Straßen, Dampfer und Autobusverbindungen sowie die günstigen Lebensbedingungen überhaupt, die es einer Familie von drei Köpfen schon ermöglichen, mit 160 bis 200 Mark völlig ausreichend zu leben. Positano hat etwa zweitausend Einwohner, darunter eine ständig wachsende Kolonie von Deutschen, in der Mehrzahl Maler und Schriftsteller, die ständig hier wohnen, so daß man im Gegensatz zu Neuglobsow auch einen anregenden Verkehr hat. Die Bedingungen für den Aufenthalt und die dauernde Niederlassung hier in Italien sind außerordentlich leicht und günstig, so daß man in dieser Hinsicht auf keinerlei Schwierigkeiten stoßen soll. Der Judenhaß ist bisher hier eine unbekannte Erscheinung. Im übrigen kenne ich ja deine besondere Liebe für Italien, und was die Schönheiten der Landschaft angeh[t], so zweifle ich gar nicht, daß sie dich mit ständigem Entzücken erfüllen werden.

Mein Plan ist nun folgender. Wir ziehen spätestens im Frühjahr gemeinsam mit Sibylle nach Positano. Es gibt dort eine gute Gelegenheit für ausgezeichneten Privatunterricht. Wir selbst können das ergänzen, du in Sprachen, ich in Geschichte und Geographie. Eine jüdische Familie, die kürzlich aus Breslau mit drei Kindern zwischen 9 und 16 Jahren nach Positano übergesiedelt ist, macht es ebenso. Du selbst wirst, wie es ohnehin deine Absicht ist, deine schriftstellerische Arbeit wieder aufnehmen, du kannst auch von dort aus mit der Feder für deine zionistische Überzeugung kämpfen wie ich für meine deutsche. Außerdem kannst du das Buch über dein jüdisches Frauenschicksal schreiben, journalistisch und dramatisch arbeiten und wirst deine Aufsätze und Schriften in der Schweiz veröffentlichen. Im Herbst nächsten Jahres werden wir dann mit Sibylle nach Zürich gehen. Erst dann werden wir uns entscheiden, ob und wo wir Sibylle wieder in eine Schule geben. Hierüber wie über unsere Mitarbeit an der Schweizer Presse werde ich dir später mündlich berichten.

Mit der Zeit wird sich dann auch herausstellen, ob dir Positano für einen dauernden Aufenthalt möglich erscheint, oder ob wir in der Sommerzeit dorthin zurückkehren. Jedenfalls werden wir dann dort ein Heim haben, in das wir immer wieder flüchten können. Schlecht ist das Wetter in Positano nur zwei, drei Monate lang im Winter während der Regenzeit, aber auch dann gibt es sonnige Tage dazwischen.

Wenn meine schriftstellerische Tätigkeit sich so entwickelt, wie ich annehme, würde ich mir unser Leben in Positano so denken, daß wir im Winter immer für drei Monate in eine Großstadt gehen, nach Zürich, Paris, London oder Wien oder Jerusalem. Deine zionistische Wirkung, die ja doch nur in Sonderaufträgen bestehen würde, brauchst du deswegen nicht aufzugeben. Zudem ist Palästina von hier aus sehr viel näher als von Deutschland, und von Neapel und Brindisi stets leicht und nicht sehr teuer zu erreichen. Selbst wenn sich einmal aus zwingenden Gründen ein dauernder Aufenthalt für uns in Jerusalem ergeben sollte, wäre das kleine Haus in Positano während der heißen Monate in Palästina ein guter Erholungsort. Gefällt es uns aber sehr, so können wir später das kleine Haus durch ein größeres ersetzen, denn es ist jetzt noch vielerlei in Positano billig zu haben, wenn auch der Zuzug von Deutschen jetzt immer größer wird.

Nun hoffe ich nur, du wirst meinen Entschluß, den ich so ganz ohne dich fassen mußte, Geliebte, günstig aufnehmen. Ich kann dir kein Heim in Palästina auf die Dauer schaffen. Ich bin weder wirtschaftlich noch seelisch dazu imstande. Das einzige, was mich in Palästina halten könnte, wäre eine Vermittlungsaktion zwischen den Arabern und Juden. Es ist eine sehr schwere, beinahe hoffnungslose Aufgabe. Und ich könnte sie nur unternehmen, wenn sich mir die Möglichkeit bieten würde, gleichzeitig davon zu leben. Aber selbst dann würde ich das kleine Haus in Positano behalten wollen. Übrigens beträgt seine Miete kaum mehr als jetzt die Speichermiete in Berlin. Es ist also in keinem Falle etwas verloren. Ich kann aber zur Zeit, wo die Unruhen und die Unsicherheit in Palästina wahrscheinlich noch für lange Zeit das Land beherrschen, weder für dich und erst recht nicht für das Kind wünschen, daß ihr in Palästina bleibt. Ich habe genug Ängste und Sorgen in diesem Sommer für das Kind ausgestanden, von denen ich dir nichts geschrieben habe. Dazu kommt, daß sich für mich persönlich eine unmittelbare Auswanderung nach Palästina sowohl wirtschaftlich wie aus politischen Gründen beinahe als unmöglich erweist. Es würde zu weit führen, dir das hier auseinanderzusetzen. Ich bin aber auch nicht imstande, dieses Leben der Unruhe und der Unsicherheit weiterzuführen. Meine Arbeit und mein ganzes Sein leiden darunter. Du hast mir einmal gesagt, schaffe mir irgendwo in der Welt ein neues Heim, und ich werde dorthin kommen. Nun wohl, hier ist es! Ich bin in der letzten Zeit lange genug mit euch in der Welt herumgeirrt, dafür habe ich aber jetzt etwas so Schönes gefunden, wie es sich uns nicht so leicht wieder bieten wird. Wenn du Bedenken hast, so komme wenigstens das nächste Jahr, diesen einen Sommer dahin. Du wirst nichts verlieren dabei, vielleicht aber Unendliches gewinnen. Du hast mir ja selbst oft genug gesagt, daß es ein friedliches Zusammenleben zwischen uns ohne einen unaufhörlichen geistigen und seelischen Streit weder in Deutschland noch in Palästina, sondern nur auf einem neutralen Boden geben kann. Was also könntest du gegen diesen einwenden? Niemand unter deinen Gesinnungsfreunden wird es dir verdenken, wenn du die Verantwortung, die du stets deinem Kinde und deinem Manne gegenüber gefühlt hast, auch durch die Tat bekundest und dorthin gehst, wohin seine Arbeit, sein Lebensverdienst und sein Schaffen ihn rufen und binden. Denn auch hier werden wir schaffen und kämpfen, du für dein Volk, ich für das meine. Wie sehr wünsche ich, du möchtest dich meinen Gedanken und Plänen nicht verschließen, und ich bitte dich sehr, lasse mich nicht im Stich!

Das letzte Mal kam ich des Nachts bei Mondschein mit dem kleinen Dampfer in Positano an. Die Stadt stieg zauberhaft wie eine maurische Felsenstadt an den Bergen hoch mit ihren Treppenstufen, im Lichte weiß leuchtenden Häusern, von denen so viele von ihren Bewohnern vor dem Kriege verlassen wurden, die, von Not und Armut getrieben, nach Amerika auszogen, um dort ein anderes Leben zu suchen.

Am nächsten Morgen saß ich in der Sonne am Ende der Küstenstraße, dort, wo der mondförmige Golf von Salerno in das zerklüftete steinerne Vorgebirge ausläuft, das Capri gegenüber liegt. Sieben verschiedene Winde sind es, die hier abwechselnd die Küste entlangstreichen. Die vier Winde von Nord, West, Ost und Süd, und der Schirokko, der Tramontana und der Licorda [?], der schwüle Gewitterwind, der kühle

Landwind und der klare Meerwind von griechischer Heiterkeit. Ich sah auf das blaue Meer, dachte an die Stunde, wo du hier mit mir entlangschreiten würdest und wie glücklich wir beide hier sein könnten. Und ich dachte daran, daß wir unser neues Haus »Casa sette venti« nennen sollten, Haus der sieben Winde, wie wir einst das andere das Haus der sieben Wälder nannten, weil es tückische Winde waren, die uns voneinander fort in die Welt führten, und weil wir uns an diesen letzten rettenden Felsen im Meere festklammern wollen, welche neuen Stürme auch immer über uns herziehen mögen. Und vergiß nie dabei, mein armes heimatlos im Winde bebendes Blatt, daß du auch an diesem Felsen in meinem Herzen verwurzelt bist.

Ich lege meine Lippen auf deinen Mund und der deine...

Armin

[Lola Landau an Armin T. Wegner]

d. 11. September 36
Singapore
Hotel Adelfi

Liebster Armin!

Gestern schrieb ich dir, und heute kommt dein Brief vom 31. August, der mich in die höchste Unruhe versetzt. Du teilst mir darin mit, daß du ein Haus für uns in Positano gemietet hast, und *ohne mich zu fragen*, bestimmst du über meinen Aufenthaltsort für die Zukunft, ohne daß wir in Ruhe gemeinsam gesprochen haben. – Ich bin sehr unglücklich darüber, dort will und werde ich *nicht* dauernd leben, und wie ist es um Gotteswillen möglich, daß du einfach alle unsere Pläne über den Haufen wirfst? Du solltest im Herbst nach Jerusalem kommen, wir wollten versuchen, ob wir nicht dort unseren festen Wohnsitz haben könnten, und dann von dort aus, wenn nötig, öfter einige Monate nach Europa hinüberfahren. Glaube nicht, Armin, daß ich eigensinnig und egoistisch bin. Ich denke auch sehr an unser Kind.

Es kann sich natürlich ergeben, daß du absolut nicht in Palästina zu leben vermagst. Mit etwas Liebe von dir zu mir ginge es. Habe ich nicht Jahrzehnte mit dir in Deutschland gelebt. Aber du hast mir versprochen, es zu versuchen.

Es werden in Palästina wieder normale Zeiten kommen. Ich hoffe, daß jetzt nach den letzten Entscheidungen die Unruhen unterdrückt werden. Aber wenn es absolut nicht seelisch für dich geht – ich würde das Opfer bringen; aber in ein gottverlassenes Nest nach Italien, wo keine deutsche Sprache, keine Basis der Wirkung, keine Erziehungsmöglichkeit für das Kind ist? Nur weil es billig ist. Dies allein ist kein Grund. Warum nicht Zürich?

Was soll ich in Italien? In Zürich hätte ich Möglichkeiten, für Palästina zu arbeiten. Das Kind hätte Erziehungsmöglichkeiten. Dort ein Heim! Oder in Haifa oder Jerusalem. Aber doch nicht wieder ein Sommerheim! Ich halte es für unmöglich, daß du dich da gebunden hast. Vielleicht kannst du es rückgängig machen.

Es kommt dazu, daß es sehr schlecht für mich ist, mein Recht als Einwanderin in Palästina aufzugeben, wenn ich Palästina wieder verlasse. Was für ein Recht habe ich dann? Welchen Paß? Ach Armin, Armin, warum Entschlüsse, wo wir in Ruhe wie vereinbart mündlich in Jerusalem alles miteinander beraten können! Ich halte die Schweiz für möglich, wenn es absolut nicht Palästina sein kann. Aber am liebsten Palästina. Ich möchte dabei mit dir und Sibylle zusammen in einer netten Wohnung harmonisch zusammenleben.

Zum Beispiel, hast du dein Buch verkauft, Arbeits- und Aufenthaltserlaubnis für uns in der Schweiz, können wir uns eventuell auch dort niederlassen, weil du auch dort viel mehr Verdienstmöglichkeiten hast! – in einem Vorort von Zürich vielleicht.

Ich sehne mich sehr nach dir, ich bitte dich innigst, keine übereilten Entschlüsse und Pläne! Ich werde am 18. September Singapore verlassen und am 2. Oktober in Port Said sein. – Es wäre wundervoll, wenn du, da du halb auf dem Wege bist, schon Oktober nach Jerusalem kommen könntest. Natürlich bin ich oft in großer Unruhe um Sibylle und Andreas gewesen! Um Alf auch, der sehr kämpfen muß.

Glaube mir, ich will dir helfen, mit dir zusammen ein sinnvolles Leben aufbauen. Ich will auch mich dir anpassen. Dir entgegenkommen. Aber wir müssen alles in großer Ruhe überlegen! Auch die Geldfragen.

Wir werden in Jerusalem zusammen alles viel klarer sehen.

Es umarmt dich in Liebe und Sehnsucht
deine Lo

[Armin T. Wegner an Lola Landau]

Positano, Ostern 1938

Mein verlorenes Herz!

Im Begriff wie so oft, die Worte »geliebtes Herz« an dich zu richten, kommt mir zum Bewußtsein, daß ich dieses Herz eigentlich gar nicht mehr besitze.

Viel mehr als deine Mitteilung, daß ich nun noch einige Monate länger ohne dich und das Kind verbringen werde, hat mich beim Lesen deines Briefes die Erkenntnis erschüttert, daß ich euch beide seit dem Jahre 33 (wieviel Gift hat diese Zahl uns schon eingeflößt) Stück um Stück, Blutstropfen um Blutstropfen verloren habe.

Daß ich bereit bin, bei der heutigen Lage der Welt und dem Schicksal unserer Familie im kommenden Winter nach Palästina zu kommen, schrieb ich dir ohnehin. Nicht einmal du hast verstanden, was in mir vorgeht, und du willst es auch gar nicht, weil diese Erkenntnis dich schwach machen würde! Aber versuche doch einmal in einer wachen Minute, den Stößen meines Blutes zu folgen.

Als der Hauptmann Dreyfus wegen eines Verrats, den er nicht begangen hatte, auf die Teufelsinsel verbannt wurde, da erklärte seine Frau sich bereit, ihm auf die Verbrecherinsel zu folgen und unbeschadet aller Entbehrungen das Los zu teilen. Wie viele russische Frauen sind nicht freiwillig ihren Männern in die politische Verbannung nach Sibirien gefolgt. Und du vermagst nicht einmal die Gesellschaft deines Mannes ein einziges Jahr in einer kleinen Felsenstadt am mittelländischen Meer zu teilen.

Mit all diesen Empfindungen habe ich mich beim Lesen deines Briefes gefragt – ist das nicht das völlige Ende? In all diesen Überlegungen, die mich so erregten, daß ich drei Tage nicht arbeiten und nicht schlafen konnte, hat das Bewußtsein mich keinen Augenblick verlassen, daß nur eins für mich entscheidend sein kann: das Werk.

Bei aller Angst, euch immer mehr zu verlieren, mir bleibt keine Wahl. Und was wird im nächsten Sommer, was im übernächsten Jahr werden?

Werdet ihr im folgenden Jahr, und wenn dies sich nicht ermöglichen läßt, wirst du im übernächsten ein ganzes Jahr mit mir nach Positano kommen?

Denn ich werde in Palastına stets nur ein Gast sein können, nicht aus Absicht, sondern aus Schicksal. Und so sehr ich Galiläa und das galiläische Judentum liebe, die arabische Welt, die mir aus meinem früheren Leben im Osten so ans Herz gewachsen ist, bleibt mir jetzt verschlossen, und das jüdische Kleinbürgertum in den Städten Judäas ist mir ein Greuel.

Nichts habe ich mein ganzes Leben lang so gehaßt wie dieses Kleinbürgertum, den Feind aller wahren Kunst, alles Edlen und aller echten Freiheit. [...]

Armin

[Lola Landau an Armin T. Wegner]

1. September 1945, Jerusalem

Lieber Armin,

wie in einem Strudel wurden alle Erinnerungen unseres vergangenen Lebens wie ein Film zurückgespult.

Da war unser erstes Treffen im Park auf der Bank in der Großstadt in einer lieblichen weißen Sommernacht. Da war die Auflösung meines Heims und der Weggang mit zwei kleinen Kindern. Da war unser Spaziergang nach der Heirat durch den goldenen und roten Herbstwald zu unserem neuen Haus. Da war das Haus in Globsow wieder und wieder; du kamst von einem Spaziergang im Regen nach Hause, und der Geruch vom nassen Holz hing noch in deinen Kleidern. Da waren die Winterabende, als der Ofen glühte und draußen das grimmige Eis des gefrorenen Sees barst und krachte.

Da war die kleine Sibylle, und nicht zuletzt war unser gemeinsames Werk, wenn ich mit dir jeden Ausdruck in einem Satz korrigierte, um den du mich fragtest.

Da waren unsere Streitereien und Versöhnungen. Aber, war es nicht Leben, intensives Leben, sogar in den späteren schwierigen Jahren? Und warum, fragte ich mich, mußte es so enden wie jetzt? War es nicht ein Verbrechen, daß eine Partnerschaft von nahezu zwanzig Jahren durch die schrecklichen Zeiten zerbrochen wurde?

Ich prüfte auch mich selbst. Ich machte auch große Fehler. Ich hatte keine Geduld mit dir in meiner Verzweiflung, neue Wurzeln und eine neue Heimat zu finden. Und auf der anderen Seite warst du nicht bereit, deine Wurzeln auszureißen aus deiner Heimaterde.

Das Schicksal hat mir die Möglichkeit gegeben, mein vergangenes Leben aufrichtiger als du zu betrachten. Sogar in einer kleinen Ecke meines Herzens dachte ich manchmal, ob wir nicht versuchen könnten, nach dem Krieg nochmal eine Strecke gemeinsam zu gehen. Nun ist es zu spät. Du wähltest einen anderen Weg. Ich muß geradeaus gehen, meinen Weg fortsetzen, sicherlich ganz alleine. Natürlich werden wir uns vielleicht an einem Ort in Italien oder vielleicht in Jerusalem wiedersehen. Aber bedenke, daß ich eine Arbeit als Schullehrerin habe mit sehr wenig Geld.

Das silberne Lachen, das du in deinem Brief erwähntest, ist in den späteren Jahren oft stumm vom bitteren Existenzkampf geworden. Ich verdiene nicht genug, um meine Ausgaben zu decken, obwohl ich hoffe, daß ich in der nächsten Zukunft es schaffen werde.

Aber trotz dieser ganzen Sorgen und persönlichen Härten liebe ich Palästina.

So, was bleibt? Arbeit.

Unter meinen vielen Plänen ist auch die Idee, unsere Geschichte zu schreiben, die tragische Geschichte einer gemischten Ehe, die durch die schreckliche Zeit zerbrochen wurde.

Ich schließe diesen Brief mit meinen besten Wünschen für dein Glück.

Deine Lola.

Editorische Notiz

Die beiden aus dem Nachlaß erstmals veröffentlichten »Anekdoten« von Lola Landau entstanden vermutlich um 1970, gehören in den Zusammenhang ihrer damals begonnenen autobiographischen Arbeiten, wurden in die 1987 erschienene »Autobiographie« *Vor dem Vergessen*, die ja nur ihre »zwei Leben« bis 1936 – bis zum Verlassen Deutschlands – umfaßt, jedoch nicht aufgenommen.

Daß diese Autobiographie vorliegt, auch als Ullstein-Taschenbuch leicht zugänglich ist, macht es immerhin unnötig, auf die für das Verständnis unverzichtbare Vorgeschichte der beiden Exilepisoden hier ausführlich einzugehen – auf eine typische deutsch-jüdische Biographie in diesem Jahrhundert. »Typisch« in vieler Hinsicht, im Fall der Lola Landau aber durch besondere Leidenschaft, Sensibilität und Dramatik zugespitzt: die erste Ehe mit dem jüdischen Philosophen [Sieg]-Fried Marck, der, durch den Krieg zum idealistischen Linken geworden, seinen Breslauer Lehrstuhl 1933 verlor und ins Exil gehen mußte, zunächst nach Frankreich (wo Lola Landau ihn noch einmal in elenden Umständen trifft), später in die USA, wo er 1957 starb; die zweite Ehe mit dem deutschen Dichter (und erfolgreichen politischen Reiseschriftsteller) Armin T. Wegner, im ersten Weltkrieg Zeuge des türkischen Völkermords an den Armeniern und dadurch in seiner ganzen weiteren (literarischen) Biographie geprägt, mit dem sie fast ein Jahrzehnt in einer doppelbödigen märkischen Idylle in Neu Globsow am Stechlin-See lebt (im Haus »Sieben Wälder«, das er in quälender Romantik in Positano als »Casa Sette Venti« , als *Haus Sieben Winde* wiedererstehen läßt); der jüdische Identitätskonflikt, der lange vor 1933 entsteht, durch die Ausgrenzung in Nazi-Deutschland aber evident wird und eine Lösung verlangt, die Lola Landau in ihrem »dritten Leben« in Erez Israel findet.

»In Positano«, hatte bereits 1925 der Publizist Siegfried Kracauer geschrieben, »leben die Totgeglaubten.« Und: »Man wandert allein. Zurück sind die Wege versperrt. Zauberei fegt über den Ort. Er ist die Enklave verschollener Gewalten, die in der antikischen Landschaft ein Refugium gewonnen haben...« Nach 1933 wurde Positano, an der »Kunststraße zwischen Sorrent und Amalfi«, wie Italien bis zum Krieg überhaupt ein Zufluchtsort für deutsche Emigranten. Zeitweilig lebten hier Stefan Andres, Walter Meckauer, Elisabeth Castonier, Joe Lederer, die Maler Kurt Craemer, Bruno Marquardt und Karli Sohn-Rethel, auch Jüngere wie Nicolaus Sombart. Im Herbst 1936 kommt Armin T. Wegner hierher, vermutlich auf Anregung seiner Freundin Irene Kowaliska, nachdem ihm Leben und vor allem Leben von seiner literarischen Arbeit in Deutschland unmöglich geworden war.

Wegner hatte in einem ebenso leidenschaftlichen wie naiven Brief an Adolf Hitler 1933 gegen den »Judenboykott« am 1. April und die antisemitischen Repressalien protestiert, war daraufhin monatelang ins Konzentrationslager gesperrt worden und schließlich 1936 aus der Reichsschrifttumskammer ausgeschlossen worden, (auch) weil er an der Ehe mit seiner jüdischen Frau festhielt (die inzwischen mit ihren Kindern Andreas und Sibylle in Palästina Fuß zu fassen suchte). Er hatte damit in Deutschland Veröffentlichungsverbot, durfte aber mit Möbeln und Büchern und 3000 Mark »Anlaufgeld« zu einem »Studienaufenthalt« nach Italien ausreisen.

Italien ist die klassische Route deutscher intellektueller Selbstfindung, und Positano war billig – Wegner war auf

Gelegenheitseinkünfte und die Unterstützung einer holländischen Gönnerin angewiesen, die ihm die »Arbeit an seinem Werk« ermöglichen wollte (und es bis zum Krieg auch tat).

In Positano, literarisch, politisch und auch menschlich isoliert, befreite er sich aber nicht »von Deutschland«, sondern begann ein schwärmerisch-bizarres »anderes« Deutschland zu kultivieren, das auch aus den Briefen spricht, die wir als document humain und Dokumente der tragischen Zerstörung einer innigen menschlichen Beziehung in den Band aufgenommen haben.

In dieser Atmosphäre konnte Lola Landau nicht leben, ganz abgesehen von ihren politischen Befürchtungen, die sich im Nachhinein, mit der Übernahme der Nazi-Rassegesetze in Italien 1938, bewahrheiten.

Sie kehrte nach Palästina zurück; ein verabredetes Zusammentreffen in der Schweiz wurde unmöglich, als bei Kriegsbeginn die italienischen Grenzen geschlossen wurden, nur die Tochter Sibylle konnte den Vater 1939 noch einmal in Positano besuchen.

Nach Kriegsende erfuhr Lola Landau, daß Armin T. Wegner inzwischen mit einer anderen Frau (Irene Kowaliska) zusammenlebte und mit ihr ein Kind hatte; es ist der Anlaß für den enttäuschten Brief im September 1945 aus Jerusalem.

Wegner blieb in Italien und starb 1978 in Rom, 91 Jahre alt; Lola Landau starb 1990 in Jerusalem, 98 Jahre alt. Sie trafen noch einmal zusammen, als in der jüdischen Gedenkstätte Yad Vashem im Hain der »Gerechten der Völker« ein Baum für Armin T. Wegner gepflanzt wurde.

Die Aufzeichnungen in Lola Landaus Nachlaß waren sicherlich für die Veröffentlichung vorgesehen, aber nicht abschließend redigiert: die Typoskripte enthalten eine Fülle von handschriftlichen Korrekturen und Änderungen, die nicht immer eindeutig zu entziffern waren; solche Stellen sind im Text durch eckige Klammern markiert.

Die Briefe stammen aus dem Nachlaß Armin T. Wegners im Deutschen Literaturarchiv Marbach; die Fotografien im Frontispiz (1925 in Neu Globsow) und auf Seite 75 wurden von der Tochter Sibylle (Stevens), die heute in England lebt, zur Verfügung gestellt. Für die Fotografie von Tim Gidal (1943) auf Seite 76 danken wir dem C. J. Bucher Verlag, München.

Das Gedichtzitat wurde Lola Landaus Autobiographie *Vor dem Vergessen* (Berlin 1992) entnommen; wir danken dem Ullstein-Verlag für die freundliche Abdruckgenehmigung.

Das auf dem Umschlag verwendete Bild von Felix Nussbaum (»Weißes Boot«) entstand 1933 im italienischen Exil; wir danken Frau Auguste Moses-Nussbaum, Ramat-Gan (Israel) für die freundliche Reproduktionserlaubnis.

Satz · Gaby Michel, Gießen
Repro · Atelier Manfred Spönemann, Berlin
Druck · Saladruck, Berlin
Alle Rechte vorbehalten. © 1995 by Das Arsenal. Verlag für Kultur und
Politik, Berlin
ISBN 3-921810-62-0

Inhalt

Positano 7
Die Schule am Toten Meer 41
War es nicht ein Verbrechen? Briefe aus dem Exil 67
Editorische Notiz 97

Bücher des 9. November – »an die Vergessenheit«

Giacomo Debenedetti · Am 16. Oktober 1943
Eine Chronik aus dem Ghetto. Mit einem Vorwort von Alberto Moravia.
Aus dem Italienischen übersetzt von Lieselotte Kittenberger; 88 Seiten.
An einem Sabbat wurde die jüdische Gemeinde Roms von der SS ausgelöscht. Ein Jahr später schrieb Debenedetti, Zeuge der Ereignisse, die Chronik dieser Stunden – ein menschliches und literarisches Trauermal.

Gesichter der Juden in Auschwitz
Lili Meiers Album. Mit einer Einleitung von Peter Moses-Krause herausgegeben von Hans-Jürgen Hahn. Folioband; 200 Seiten mit 192 Fotografien
»Erinnerungsalbum« eines SS-Fotografen an einen Tag in Birkenau: an die Ankunft eines Transports ungarischer Juden am 26. Mai 1944.
Als Lili Meier das Album nach der Befreiung fand, sah sie, daß sie ein »Familienalbum« ihrer ermordeten Verwandten und Bekannten in der Hand hatte. Nicht nur ist der Faschismus eine Massenideologie, notierte Alberto Moravia, »auch seine Opfer haben kein erkennbares, individuelles Antlitz. Sie dürfen keines haben.« Dieses Buch erinnert an das menschliche Gesicht der Opfer.

In gleicher Ausstattung sind erschienen:

Paula Salomon-Lindberg · Mein »c'est la vie«-Leben
Gespräch über ein langes Leben in einer bewegten Zeit, aufgezeichnet von Christine Fischer-Defoy. 172 S., mit vielen zeitgenössischen Abbildungen.
Der das ganze Jahrhundert umfassende Lebensbericht der jüdischen Bach- und Opernsängerin; Beziehungen und Begegnungen im Berlin der zwanziger und dreißiger Jahre und im holländischen Exil mit Albert Schweitzer, Paul Hindemith, Wilhelm Furtwängler, Siegfried Ochs, Kurt Singer u.v.a., zugleich eine kleine Geschichte des Jüdischen Kulturbunds.

Franz Hessel · Letzte Heimkehr nach Paris
Franz Hessel und die Seinen im Exil. Mit Texten von Helen Hessel, Alfred Polgar, Wilhelm Speyer u.a., herausgegeben von Manfred Flügge.
Mit vielen zeitgenössischen Abbildungen, 178 Seiten.
Im Mittelpunkt der zum ersten Mal veröffentlichten Lebenszeugnisse aus den Exiljahren steht Hessels letztes, autobiographisches Erzählfragment, 1940 im Internierungslager Les Milles entstanden.

Manfred Flügge · »Paris ist schwer«
Deutsche Lebensläufe in Frankreich. 272 Seiten mit vielen Abbildungen.
Paris als Utopie und Exil, letzte Hoffnung (nicht nur) 1933: für die Paris-Deutschen im Café du Dôme wie Wilhelm Uhde, für den Maler Hugo Räderscheidt, für jüdische Emigranten wie den Buchhändler Picard.

Thomas Hartwig · Die verheißene Stadt
Gespräche und Begegnungen mit jüdischen Emigranten in New York.
Quartband. 180 Seiten, mit 100 Fotografien von Achim Roscher
Porträts der »Letzten« des Exodus nach 1933, die das traumatische Überleben in zwei Kulturen und Zeiten verkörpern: Gisela Graf, die Lyrikerin
Ilse Blumenthal-Weiss, der Psychiater William Niederland und viele andere von Oskar Maria Grafs Stammtisch in der Kleinen Konditorei in Yorkville.

Im **Verlag Das Arsenal**, Tegeler Weg 5, Berlin-Charlottenburg